互联网+信息素养教育

黄常青◎著

吉林出版集团股份有限公司
全国百佳图书出版单位

版权所有　侵权必究

图书在版编目（CIP）数据

互联网+信息素养教育 / 黄常青著. -- 长春：吉林出版集团股份有限公司，2022.8
ISBN 978-7-5731-2002-1

Ⅰ.①互… Ⅱ.①黄… Ⅲ.①互联网络—信息素养—高等学校—教材 Ⅳ.①G254.97

中国版本图书馆CIP数据核字(2022)第151315号

HULIANWANG + XINXI SUYANG JIAOYU

互联网+信息素养教育

著　　者	黄常青	责任编辑	刘晓敏
出版策划	齐　郁	封面设计	雅硕图文

出　　版	吉林出版集团股份有限公司
	（长春市福祉大路5788号，邮政编码：130118）
发　　行	吉林出版集团译文图书经营有限公司
	（http://shop34896900.taobao.com）
电　　话	总编办 0431-81629909　营销部 0431-81629880/81629881

印　　刷	长春市华远印务有限公司	开　　本	787mm×1092mm　1/16
印　　张	12.75	字　　数	200千
版　　次	2023年1月第1版	印　　次	2023年1月第1次印刷
书　　号	ISBN 978-7-5731-2002-1	定　　价	58.00元

印装错误请与承印厂联系

前　言

互联网（internet）是20世纪最伟大的发明之一，自20世纪90年代以来，互联网以迅雷不及掩耳之势在中华大地迅速普及，改变了人们传统的生活、学习、工作习惯和行为模式，潜移默化而又深刻地影响着人们生活的方方面面，随着互联网应用领域的不断拓展，21世纪"互联网+"应运而生，颠覆了人们的思维，重构了人们的价值观念和行为模式，再造了传统行业的业务流程，重塑了社会经济结构和组织形式，引发了人类社会各个层面的颠覆性的变化。

伴随着以互联网技术为核心，大数据、物联网、移动通信技术和云计算为代表的新一代ICT（信息与通信技术）的崛起，催生了新的信息生态环境，信息成为社会、组织及个人提升竞争力的重要因素，利用信息实现创新成为时代最强音符，信息素养成为信息时代必不可少的元素养，更是创新2.0模式下创新人才的必备素质。面对"互联网+"，高等教育信息素养教育工作者如何应对？对这个答案的追寻，成为本专著的初衷和使命。

2020年，高校信息素养教育迭代更新，信息素养教育与互联网跨界融合，"互联网+信息素养教育"行动加快。互联网行业风生水起，在教育部倡导下，"互联网+教育"呈现蓬勃发展的态势，中国大学MOOC（慕课）、学堂在线、超星学银在线等智慧教学平台的应用成倍增长，以钉钉为代表的在线直播软件也得以迅速推广。借着网上教学的这股东风，信息素养教育通过引进MOOC、构建SPOC（小规模限制性在线课程）、翻转课堂等一系列操作踏上了"互联网+信息素养教育"征程。

本著作在吸取和借鉴了众多专家学者的研究基础上，努力描绘在信息技术发展背景下信息素养教育的全景图像，试图构建具有中国特色的"互联网+信息素养教育"体系，本著作共4个章节，从讲述互联网的发展历史及其影响入手，到论述信息社会中信息、信息素养的重要性，延伸到信息技术带来的创新2.0对信息、信息素养的依赖，最后阐述信息素养教育在新的信息生态环境如何识变、求变和应变。

由于本人才疏学浅，本书中有些观点尚待完善，难免有疏漏和不足之处，敬请同行专家和读者批评指正，本书既可作为高校信息素养教育教学的参考用书，亦可作为信息素养研究爱好者的自学用书。

著 者

2020年3月

目 录

第1章 "互联网+"是技术、是工具，还是思维 ………………………… 1
第1节 "互联网+"的前身 ………………………………………………… 1
第2节 互联网颠覆了什么 ………………………………………………… 8
第3节 互联网思维升级版：互联网+ …………………………………… 23
第4节 互联网+教育 ……………………………………………………… 31

第2章 时代呼唤信息素养 ……………………………………………… 43
第1节 信息是战略资源 …………………………………………………… 43
第2节 时代标配——信息素养 …………………………………………… 58
第3节 信息素养蜕变 ……………………………………………………… 64

第3章 创新——一个永恒的主题 ……………………………………… 79
第1节 新一代ICT催生创新2.0 …………………………………………… 79
第2节 创新中的信息元素 ………………………………………………… 91
第3节 信息素养是创新催化剂 …………………………………………… 109

第4章 智能时代的信息素养教育 ……………………………………… 123
第1节 信息素养教育变迁 ………………………………………………… 123
第2节 信息素养教育时代总览 …………………………………………… 130
第3节 信息素养教育路在何方 …………………………………………… 163

参考文献 ………………………………………………………………… 192

第1章 "互联网+"是技术、是工具，还是思维

有人说，如果说第一次和第二次科技革命释放了人的"体力"，那么第三次科技革命释放了人的"脑力"：梦想、激情、想象力、科技信仰、创新冲动……

第1节 "互联网+"的前身

李克强总理在2015年3月5日所作的政府工作报告中，首次提出"互联网+"行动计划。这标志着"互联网+"正式被纳入政府顶层设计，成为国家经济社会发展的重要战略。

李克强总理所说的"互联网+"并不是空穴来风的概念，实际上是源自互联网。因此，要说清楚"互联网+"，先要说说它的前身——互联网。

1. 互联网的起源与发展

"internet"由英语单词international（国际的）和network（网络）构成，中文译名为"互联网"也称"国际网络"。

1.1 互联网雏形

追溯互联网的历史是一件有趣的事，如今我们天天离不开的用来购物、聊天和娱乐等的网络，似乎与军事没有任何关系，然而研发互联网最初是为了军事。20世纪60年代末，也就是苏联和美国冷战时期，美军为了确保计算机网络不会因为部分网络被摧毁导致全网瘫痪，未摧毁的部分仍能保持通信功能，1969年，美国高等研究计划署（ARPA）出资将加利福尼亚大学洛杉矶分校等几所大学的计算机主机联接起来，构建了阿帕网（ARPANET），这就是互联网

的基本雏形。

1.2 互联网诞生

到20世纪70年代左右，ARPANET已由数十个计算机网络组成，这些网络好比一个个国家，分别使用本国的语言进行沟通互联，因为缺乏像英语这样的通用沟通语言，网络与网络之间无法实现通信，基于此，美国国防部高级研究计划局（DARPA）着手立项研究实现异构计算机局域网互联的途径，这种实现网络与网络之间的"互联"的途径被冠名为"internetwork"，简称"internet"，即"互联网"。

TCP/IP（传输控制协议/互联网协议）的建立，尤其美国将TCP/IP的规范和互联网技术向全世界公开催化互联网的大发展。1974年，TCP（传输控制协议）被详细规定下来；1981年，IP（互联网协议）被详细规定；1982年，美国国防通信署（DCA）和美国国防部高级研究计划局建立了TCP协议和IP协议作为TCP/IP协议；1983年，ARPANET分裂为两部分，ARPANET和纯军事用的移动互联网LNET，同年，ARPANET将TCP/IP取代旧的NCP层协议（网络控制协议）。至此，孕育了14年的互联网诞生了。

1.3 互联网发展

1986年，美国国家科学基金会（NSF）在全美建立了按地区划分的计算机广域网并将这些地区网络和超级计算机中心互联起来建立NFSNET，在1990年6月，NFSNET彻底取代了ARPANET成为互联网的主干网。

NSFNET的最大贡献是将互联网向全社会开放，起初在科研服务和交流工具上广泛应用，完成了互联网发展的第1次飞跃。互联网的商业化应用促进了互联网发展的第2次飞跃，随着网络的普及，商业机构一踏入互联网世界，很快发现互联网在通信、信息检索、客户服务等方面的无限商机和巨大潜力，于是世界各地的无数企业纷纷涌入互联网，带来了互联网发展史上的一个新的飞跃。

2.互联网在中国

1994年4月20日，经过艰苦的努力，中国国家计算机与网络设施（NCFC）工程开通，连入互联网的64K国际专线，中国成为第77个连上互联网的国家，打开了中国互联网时代的大门。

2019年2月28日，中国互联网络信息中心（CNNIC）第43次《中国互联网络发展状况统计报告》显示：截至2018年12月，中国网民规模达8.29亿，互联网普及率达59.6%；我国手机网民规模达8.17亿，占网民比例达98.6%。

四分之一个世纪过去了，中国从往日互联网世界的落后者，一跃成为以5G技术（第五代移动通信技术）为代表的互联网强国。在这25年间，多少的行业和每个中国人的生活方式，伴随着互联网的兴起、普及，发生了翻天覆地的变化。在这个过程中，有些变化悄然进行，有些变化突然到来；有的人先知先觉，有的人后知后觉，有的人不知不觉，并且这种巨变仍在难以遏阻、无法逆转地继续进行着。

回顾中国互联网20余年的发展历程，有很多细数不清的点点滴滴，归纳起来主要有以下6个阶段。

2.1 网络探索阶段

第一个阶段历时7年，从1987年至1994年。

这个阶段的主要特征是中国互联网处于艰难孕育的过程，正如胡启恒院士（前中国科学院副院长）所说："互联网进入中国，不是八台大轿抬进来的，而是从羊肠小道走出来的。"

这个阶段主要的代表性事件有：1987年9月，钱天白发教授发出的第1封E-mail拉开了国人使用互联网的序幕；1992年6月，钱华林研究员在日本神户举行的INET'92年会上约见NSF国际联网部负责人，首次正式讨论中国连入互联网事宜；1993年3月2日，中国科学院高能物理研究所开通接入美国斯坦福线性加速器中心（SLAC）的64K专线，成为中国部分连入互联网的第1根专线；1993年6月，NCFC工程的专家在INET'93会议和CCIRN（洲际网络研究协调委员会）会议重申了中国连入互联网的诉求，推动中国能够最终真正连入互联网；1994年4月，时任中国科学院副院长的胡启恒女士代表中方向NSF重申连入互联网的要求，获得认可；1994年4月20日，NCFC工程开通连入互联网的64K国际专线，中国成为第77个全功能连入互联网的国家。

2.2 蓄势待发阶段

这个阶段历时3年，大致从1994至1997年，此阶段主要是基础建设，四大互联网主干网相继建设完成，并于1997年10月，ChinaNet（中国公用计算机互联网）与CSTNET（中国科技网）、CERNET（中国教育和科研计算机网）、CHINAGBN（中国金桥信息网）实现互联互通，打破国内网络互访需绕经国际网络的限制，提高了网络速度。

2.3 应运而生阶段

这个阶段历时4年，从1995年至1999年，此时中国互联网发展进入空前活跃的阶段，政府管理和应用齐头并进，出台了一系列管理办法，出现了各种网络应用的第1次。

2.3.1 主要管理办法

1996年国务院发布《中华人民共和国计算机信息网络国际联网管理暂行规定（国务院令第195号）》，随后，邮电部也发布了《中国公用计算机互联网国际联网管理办法》。

1997年5月，中国科学院被原国务院信息化工作领导小组办公室授权组建中国互联网络信息中心（CNNIC），协助管理中国互联网络域名系统，原国务院信息化工作领导小组办公室颁布《中国互联网络域名注册暂行管理办法》；同年年底，公安部发布了《计算机信息网络国际联网安全保护管理办法》。

1998年3月，信息产业部经第九届全国人民代表大会第一次会议获准成立；同年，原国务院信息化工作领导小组办公室出台《中华人民共和国计算机信息网络国际联网管理暂行规定实施办法》。

2.3.2 互联网各种首创应用

1995年1月，国家教委主管主办的《神州学人》杂志通过中国教育和科研计算机网发行，标志着中国第1份电子期刊的诞生；1996年9月，上海热线成功上线，标志着作为上海信息港主体工程的上海公共信息网正式建成；1996年11月，实华开公司开设的"实华开网络咖啡屋"成为中国第1家网络咖啡屋；1997年1月，人民日报主办的人民网上线，成为中国开通的第1家中央重点新闻宣传网站；1997年2月，瀛海威全国大网开通网络服务，是我国最早、也是最大的民营ISP（互联网服务提供商）、ICP（网络内容服务商）；1997年11月，CNNIC第1次发布《中国互联网络发展状况统计报告》；1998年3月，163邮箱开通能容纳30万用户的中国第1个免费中文E-mail系统；1999年7月，中华网在美国纳斯达克上市，成为第1家在海外上市的中国概念网络公司……

2.4 高速发展阶段

这个阶段大致历时3年，从1999年至2002年底，此阶段中国互联网进入迅速普及和应用的高速成长期，吸引大量风险资本投资，三大门户网站（网易、搜狐、新浪）相继上市；政府、企业、家庭三大上网工程启动；通过召开国际性互联网界会议等方式争得与世界对话的机会；清华大学李星教授，中国科学院计算机网络信息中心研究员钱华林，中国科协副主席、CNNIC工作委员会主任委员胡启恒院士等以委员身份跻身各级国际互联网组织。

中国移动互联网（CMNET）正式投入运营，"移动梦网计划""全球通WAP（无线应用协议）"由中国移动公司推出；中国电信公司也在广州启动"互联星空"计划，创建开放、合作、共赢的产业价值链；网上教育、网上银行、电子商务等方面的应用初露锋芒。

2.5 发展成熟阶段

这个阶段历时13年，从2002年至2015年，此阶段网络技术日新月异，移动、云计算和大数据等新技术层出不穷，催生了QQ、博客等传统互联网产品。2009年，微博异军突起，成为第1款杀手级的移动互联网应用，本已不再时髦的老牌门户新浪借由微博重返互联网舞台的中央；2011年，微信横空出世，因其便利性，用户数量节节攀升；阿里巴巴、淘宝、支付宝、二维码等层出不穷，滴滴打车、共享单车等各种依托网络的新商业模式不断刷新人们的认知；互联网业务仿佛完全翻转，从前只能在PC（个人计算机）上使用的产品和服务，现在50%甚至70%~80%被移植到手机，并不断有新的APP涌现，移动互联网浪潮滚滚而来，势不可挡。

这个阶段人人都可拥有自己的二维码，人人都可通过"自媒体"推销自我，互联网成了价值的海洋，创造了一个又一个神话。

2.6 互联网+时代

2015年，李克强总理首次提出"互联网+"行动计划，中国的互联网迈向"互联网+"的新发展纪元，为互联网未来的发展留下太多的"未完待续"。

3. 不得不说的移动互联网

近年来移动互联网的独特优势，导致移动互联网的应用呈现井喷式发展，

2019年CNNIC数据显示，截至2018年12月，我国手机网民规模达8.17亿，占网民比例达98.6%，移动互联网蕴藏的巨大潜能，势必成为未来互联网+时代最强劲的生长点和增长点。

近年来，一方面，移动互联网的覆盖面扩大和以智能手机为主的智能终端技术的日渐成熟，在技术层面保障了移动互联网的发展，除了大中城市外，小城市及一些乡镇农村等的Wi-Fi（无线通信技术）、4G（第四代移动通信技术）网络覆盖率不断扩大，智能可穿戴设备的持续热销让移动互联网可以轻松连接到每一个智能终端的用户，这些为移动互联网的快速发展打下了良好的基础；另一方面，智能移动终端设备的广泛应用及安卓系统的开放性，推动以微信等各种社交软件和各类APP为代表的移动应用软件快速发展，在内容层面对移动互联网的发展形成良好的支撑。

尤其值得一提的是5G，目前5G已经运行，华为公司的"中国芯"之"麒麟"的转正、5G的应用、用鸿蒙系统取代安卓系统，这些都使我们对未来移动网络多了许多许多的期盼。

3.1 什么是移动互联网？

通俗地讲，移动互联网是宽带无线互联网接入技术（如Wi-Fi）与移动设备技术（如手机）杂交产生的"新物种"，其主要用途是满足人类随时随地乃至在移动过程中也能从互联网获取信息和服务的需求。从专业角度讲，移动互联网，英文名为"Mobile-Internet"，是指把移动通信技术和网络技术结合起来成为一体，泛指把互联网的技术、平台、商业模式及应用等与移动通信技术融合并应用于实践。

3.2 移动互联网简史

移动互联网在我国开始运营至今已近20年，随着无线网络通信基础设施的升级换代迅猛发展，尤其是自2009年3G网络运营到现今国家开始部署5G网络的10年间，以5年为一个跨度，完成移动通信基础设施的升级换代，助推我国移动互联网快速发展。

伴随着移动网络基础设施的更新换代，在应用方面，2G萌生数据、3G催生数据、4G发展数据，结合技术与应用可以将移动互联网发展简单归纳为7个阶段：萌芽期（2000年—2003年），移动互联网的应用主要是文本信息的传输；

2G时代（2004年—2007年），主要应用包括短信、彩信、手机上网等；3G时代（2008年—2011年），主要应用是智能手机的出现；高速发展期（2012年—2013年），应用包括智能手机的普及和APP等，在手机上传输声音和图文数据的速度都得到了极大提升，用手机写邮件、写博客、聊天、搜索、看小说、听歌都逐渐成为人们生活的常态；4G时代（2014年—2018年），特点是手机智能功能发展到极致，移动互联网渗透人类生活各层面，"手握1机（手机）走天下"成为现实；2019年移动互联网迈向5G时代，开启物联网时代。

伴随着技术的更迭，移动互联网在影响社会生活方面经历了移动信息化用户培育的"卖思想"到定制软件开发、研发各种APP的"卖技术"再到现在服务商更多考虑产品让用户受益、技术应用更加普及的"卖梦想"的过程。20年里，移动互联网悄无声息地渗透零售、新媒体、旅游、体育、短视频等行业，覆盖人类社交、购物、学习、生活等领域，网上支付（如支付宝、微信支付）、共享交通工具（如共享单车、共享汽车）、网上商场（如淘宝、京东）等改变着大众的生活方式，让人们仅靠1部手机即可解决"食住行，游购娱"的所有需求，而且这种影响还在继续进行中。

3.3 话说"5G"

2019年可谓"5G"元年，华为、5G、"中国芯""鸿蒙"等成为新闻媒体高频词汇，频频荣登"头条"。

一直以来，美国企业掌控包括3G、4G在内的众多科技领域的核心技术，但是到了5G时代，华为后来居上，一跃成为5G领域技术实力最雄厚的企业，无论是在5G订单、专利数量，还是5G基站的出货量都位居榜首。华为公司创始人任正非先生说："全世界把5G技术做得最好的就是华为！"

3.3.1 技术层面话"5G"

5G，即第五代移动通信技术，是4G的升级版，从技术角度来看，5G是对现有移动通信系统的全面革新。从2G到4G，所有的服务都是实现"人与人"之间的通信需求，而5G除了"人与人"之间的联接，更侧重服务"物与物"和"人与物"之间的通信需求；在技术特征上，与之前几代移动通信相比，5G的优势明显，体现在超高网速、超低时延及超高的接入密度，5G将携手大数据、云计算、人工智能等众多新技术引领人类迈入物联网新时代。

3.3.2 应用层面话"5G"

"5G"魅力不在技术本身，而在由技术延伸出来的丰富多彩的应用。华为公司在《5G时代十大应用场景白皮书》中描绘了包括云VR/AR（虚拟现实/增强现实）业务、个人AI（人工智能）辅助、车联网等在内的10大应用场景，让大众对5G的未来满怀渴望和期待。

场景1：现在用淘宝买衣服，可以看视频或图片，5G时代买衣服则可通过云VR/AR技术进入虚拟试衣间，能感受布料的质地、上身效果等现实感极强的虚拟现实来确定是否购买。

场景2：耄耋老人身着智能服饰躺在自家卧室床上，通过5G连接到AI医疗辅助系统完成体检、病情诊断等医疗活动。

未来这样的场景不胜枚举，带给人无限的遐想。

3.3.3 社会层面话"5G"

5G时代的超快网速、超低延迟、超高的接入密度，以及各种新型移动终端设备（如AI）的出现都将深刻影响社会生活的方方面面，倒逼各行各业业务流程重构及业务范围的拓展，例如，医生看病不再囿于医患面对面门诊，5G超低的延迟使得医生可以为远在千里之外的病人问诊。

5G将拉动经济，促进新经济增长点的产生。首先，从5G本身的建设来说，据相关预测5G从规划到设计再到应用，将拉动2200亿元的投资；其次，5G将促进新型移动终端如AI、5G手机等成为新的经济增长点。

5G时代的物联网还将对人类的生活方式产生深远的影响，也许未来，当万物都可互联之时，坐车将不用有司机、上学将不用带书包、工作将不用到单位、出国留学将不用办护照等等。

第2节 互联网颠覆了什么

"梦想家"网站组织并推出"72小时网络生存测试"。活动时间：1999年9月3日至1999年9月6日；活动地：北京、上海和广州3地，共12人参与；测试目的：看参与者仅仅依靠网络能否生存；测试内容：参与者所有生存活动均由网络完成，看谁能活下来，饿了，上网点菜，渴了，上网找水……；活动结果：12名参与者，除1人中途退出外，其余均获成功。此项测试证实：虚拟世界与物质社会是可融合的，仅仅通过互联网，的确是可以在现代社会中生存的。

那么关掉Wi-Fi、去除手机SIM（用户身份识别模块）卡，离开了网络，人们究竟能坚持多久，我们的生活究竟会发生怎样的变化？2016年6月29日至2016年7月5日在上海国际信息消费节期间举办了"72小时无网络生存测试"，本次测试参与该活动的2名选手最终表示，在经历没有网络的生活时几乎都要"崩溃"了。

一样的72小时，2个截然相反的测试，17年前的大众，质疑依靠虚无飘渺的"网络"可以生存72小时；而17年后的人们，也不太相信离开了无所不在的网络后，可以生存得舒心与自如。

从上述2个测试我们可以感受到，在过去的20余年，网络如春雨般润物细无声地影响着人们的生活，事实上，中国互联网20余年令人眼花缭乱的发展，一个个令人炫目的高新产品将人们的梦想变为现实，在这个过程中，我们看到互联网在书写自身传奇的同时，正在改变着人们生活、工作和学习中某些既定的规则，逐渐渗透人们衣食住行等方方面面，正在颠覆着人们的思维定势，正在改写着很多行业的历史。那么，互联网到底颠覆了什么？又改变了什么？

1. 互联网对人类生活方式的颠覆与改变

生活方式（lifestyle）是在一定的历史节点与社会环境中，各民族、阶级和社会群体的生活模式，其内涵极其广泛，既包括人民大众的衣、食、住、行、劳动工作、休息娱乐、社会交往、待人接物等物质生活，也涵盖价值观、道德观、审美观等精神生活。人类的生活方式离不开时代背景，远古时代，人类使用石头制作各种简单生产工具，有着"刀耕火种"的生活方式；耕牛、犁和织布机出现后，人类有了"男耕女织"的生活方式；蒸汽机、电机的发明，使人类进入"电气化"生活模式；如今，因为"互联网"，人类的生活方式进入"网络化"模式。

1.1 人类发展历史证明科技改变生活

科技作为人类认识世界、改造世界的强大力量，在提高生产力水平、改变社会生产方式的同时，也在迅速改变着人们的日常生活，使之多姿多彩、日新月异。纵观人类文明史，从原始社会到奴隶社会，再到封建社会，最后到现代社会，人类文明的每一次飞跃，都有科技力量在推动。

在人类漫长的发展历史中，科技改变生活的例子举不胜举，例如，蜡烛的出现，使人类摆脱了黑暗；电灯的发明引领人类走向光明；电力的发明，使家用电器走进了寻常人家；洗衣机、洗碗机、电冰箱等使人们从烦琐的家务劳动中解脱出来；电视、电脑、电话、手机等发明改变了人类娱乐、沟通的方式等。

1.2 互联网全方位地颠覆了人类的生活方式

毋庸置疑，社会发展进程中形形色色的发明和创新或多或少地改变了人类的生活方式，但应该没有一种创新像互联网这样，全面彻底地改变了人类的生活方式。

泛互联网化具有极好的"亲和力"，能与任何事物连接，IPV6技术被形容为：能让地球上每一颗沙粒都拥有自己的网络地址。也就是说世间万物都能加入互联网，特别是近几年，随着移动互联网时代来临，智能手机、可穿戴设备等数量庞大的便捷终端联入互联网，构成了一种前所未有的全新环境，并正在生长出一种前所未有的全新文化。这种全新的环境与文化，无所不在，围绕在你的周围，对人们的欲望与需求作出回应，改变人们的生活方式与价值观。

正如张朝阳所言，"互联网将全面接管人们的生活"，特别是移动互联网，正在颠覆人们的生活方式。

1.2.1 网上支付颠覆人们的衣食住行需求与获得手段

十多年前，有句话流传甚广："网上有你想要的一切，除了钱。"如今，这句话对于互联网早已不再实用，随着微博、微信相继问世，特别是移动互联网时代的微博、微信，以及下载到智能手机的各种APP终端，正在深入影响我国移动互联网用户的生活，包括钱包。据CNNIC统计，截至2018年12月，我国手机网络支付用户规模达5.83亿。在网络环境下，特别是移动互联网的运用下，人们满足"衣食住行"需求从网上支付开始发生变化。

1.2.1.1 网络改变购物方式，满足人们的衣食等生活基本需求

最近几年，网购已经成了我们生活中的一部分。淘宝、京东等电商平台提

供各种生活或非生活用品，快递公司为我们递送网购的商品，通过网购，不必跑去拥挤的商场挑选衣服或其他生活用品，省去了讨价还价的麻烦，免去了奔波与劳累，在家就可以轻松上网购物。移动互联网使网购似乎变得更加方便，随时随地拿着手机便可完成购物，即便在实体店购物，甚至在菜市场，也可通过支付宝或微信支付来完成购物。

1.2.1.2 网络改变人们的出行方式

网上购票、共享单车、滴滴打车等彻底颠覆了人们的出行方式，通过网络订车（机）票、订酒店、订门票，我们可以随时来一场说走就走的旅行。在旅途过程中，当我们走累的时候，可以打开手机打车APP预约网约车，用不了一会就会有车到你跟前；或者也可以拿出手机，扫描一辆共享单车的二维码，悠哉游哉骑着单车逛景区。这一切完全颠覆了我们以前的出行模式。

1.2.1.3 网络改变了人们租房、购房等的方式

有了网络，租房买房更便宜、搬家装修更方便。

住进一套房子，从无到有是第一个环节，在这个环节，需要租房或买房，从2014年底到2015年初，先后涌现了各种互联网中介服务平台，网络租售房模式因为省去了线下门店成本，可以大大降低中介费。

从无到有之后，从有到入住是第二个环节。在这个环节，需要装修或搬运，涌现了新一波的O2O（线上线下一体化）品牌。在家装领域，小米家装"爱空间"，自称"史上最快的互联网装修"；在搬家领域，搬家公司重视网络渠道，其目标是让客户可以在网上顺利预约到搬家公司，不过，伴随着私家车的普及，越来越多人搬家都喜欢亲力亲为，自己带一些轻小零散物品，只有一些大件重物需要依靠货车，这种情况下，出现了一些以搬运业务为主的新兴互联网公司。

1.2.2 网络改变人们的社交沟通方式

从电话、短信、电子邮件到即时聊天工具的使用，人类的沟通越来越方便、成本越来越低，还实现了从纯文字到多媒体的转变。

在今天，固定电话几乎没人用了，手机电话功能也用得越来越少，如今，微信已经在相当程度上取代了传统运营商的"短信"功能，其语音留言、视频通话等功能甚至即将取代运营商提供的"语音通话"服务，即时的视频通话解

决了情侣们异地及远方亲人的思念之苦，移动互联网打破时空限制，让世界变成"地球村"，拉近了人与人之间的距离。

1.2.3 网络改变了人们的休闲娱乐

近年来，人们通过电视看连续剧，越来越少了，在网络上看连续剧省去了天天等待剧情发展的烦恼；音乐、视频、棋牌、游戏……可以说百分之百的网民各种的娱乐需求都能通过互联网得到满足；各种手机游戏大量占用了移动互联网用户的"碎片时间"。

以上仅是展示了互联网对我们物质生活改变的一隅，互联网和移动互联网对我们生活的影响还有很多，站在今天这个历史节点，下一个20年，互联网必将更深刻地影响中国人的生活，物联网、车联网、智能电视、智能家电、智能穿戴等概念必将在5G时代更全面地颠覆人们现在的生活方式。展望未来的中国互联网趋势，相信会有一个更令人遐想和惊喜的未来，中国互联网将实现更多翻天覆地的变化，实现更多如今不敢想象的新功能。

2. 互联网对人们思维定势的颠覆与影响

网络对人们生活方式的影响，是我们能够实实在在感受到的物质层面，然而，网络对人类的影响在更深层次上是对人类意识层面（或精神层面）潜移默化、无法触摸的影响，下面谈谈互联网如何颠覆人们的思维定势。

2.1 思维定势是什么？

所谓的思维定势（thinking set），俗称"惯性思维"，是人们基于先前的经历或经验对后续活动形成的特殊的倾向性心理准备状态，这种定势在通常情况下有助于人们应用已掌握的方法迅速解决问题，但在情境发生变化时，反而阻碍了人们发现和利用新的方法。

2.2 互联网打破传统思维定势

先来看一个互联网催生新思维的小故事"100元的新玩法"：阿里巴巴曾经发售1款名为"娱乐宝"的产品，设计的规则是用户最低花100元购买该产品，就可参与投资热门影视剧作品，获取年化利率是7%理财收益，还有机会享受剧组探班、与演员见面的机会。

按传统思维100元最多是买几张电影票，抑或存在银行取得一点点利息，想破脑袋也不可能想到100元不仅能投资拍摄影视剧，还能获得较高的理财收益，并且有机会享受与演员互动的体验。

透过这款理财产品可看出阿里巴巴的确是浑身携带"互联网"基因的公司，通过1款互联网产品的设计，把大众理财与影视作品跨界结合起来，既能达到众包协作依靠社会力量筹得大量资金投资影视业，让投资者获得较高的理财收益，又能实现影视演员的支持者的愿望，真是"一举多得"，着实令人钦佩。

这个小故事，耐人寻味，它不仅打破了传统思维定势，还融入了跨界思维、用户思维、简约思维和社会化思维等互联网思维。

2.2.1 5话"互联网思维"那些事

互联网对于广大民众而言，更多停留在使用网络的层面，对于把互联网同思维结合产生"互联网思维"似乎难以理解，下面我们来说说"互联网思维"。

第1话："互联网思维"概念

百度创始人李彦宏在2011年百度联盟峰会上提出"在中国，传统产业对于互联网的认识程度、接受程度和使用程度都是有限的。在传统领域中都存在一个现象，就是他们'没有互联网思维'。"这是"互联网思维"首次在正式场合被提及，李彦宏还表示，企业家要有互联网思维，也许你做的不是互联网的事，但你的思维角度要立足互联网。

多年过去，李彦宏的观念，正在或已经被越来越多的企业家甚至企业以外的不同领域的人所接受和认可。然而，"互联网思维"作为新生概念，学界尚未有准确统一的定义，对其的解释可谓众说纷纭。例如：海尔创始人张瑞敏认为，互联网思维是零距离、无边界、去中心化、分布式的；小米科技创始人雷军则认为互联网思维是专注、极致、口碑、快；360公司董事长兼CEO周鸿祎则认为互联网思维是用户至上、体验为王、免费模式、颠覆式创新。

在众多的说辞中，笔者倾向周文彰的说法，周文彰从哲学角度认为，互联网思维是人们立足于互联网去思考和解决问题的方式，是互联网发展和应用实践在人们思想上的反映，这种反映经过沉积内化为人们思考和解决问题的认识方式或思维结构，它以互联网技术为思维基础，以重视、适应、利用互联网为思维指向，以收集、积累、分析数据，用数据"说话"为思维特点。

第2话："互联网思维"之争

2013年11月3日，《新闻联播》作了题为"互联网思维带来了什么"的报道，"互联网思维"概念借此迅速走红，倍受社会关注。即便如此，"互联网思维"概念仍饱受争议，存在很多疑问，甚至有人认为它是伪命题，如著名经济学家许小年发文称，互联网只是有效工具，还达不到思维的层次；万达集团董事长王健林发文称，不存在互联网思维，互联网+实业才有前途。犹如一杯茶，道家看到的是"气"，儒家看到的是"礼"，佛家看到的是"禅"。对于互联网，有人将其看成工具，有人将其看成思维。传统产业和传统社会运行体系的参与者和维护者都不愿承认互联网变革的广度和深度，而更愿意把互联网看作一种工具，一种可以或不得不加以利用但决不能改变和取代传统的东西，在这种立场和利益的驱动下，其结果是，不管他们对互联网如何认真观察、思考、分析，也产生不了互联网思维。众所周知，工具改变世界，进而改变人类的思维，互联网思维倡导者之一雷军有一句话非常有道理，他说，"你不要用战术的勤奋掩盖战略的懒惰"。将互联网看成是工具的人对于互联网思维的认识更多停留在战术层面，把互联网思维当成工具、手段；尚未考虑到战略层面，用互联网思维来武装大脑、转变行为，用思路决定出路。

笔者的观点：第一，承认存在"互联网思维"；第二，"互联网思维"是合乎逻辑和规律、遵循思维共同法则的人类思维体系的新增长点，它丰富了人类的思维方式，也是人类思维体系的组成部分；第三，"互联网思维"是独立的存在，既不能取代其他思维也不能被其他思维所取代，与经济、政治、法治、道德、战略等社会层面的思维方式并行；第四，毫无疑问，"互联网思维"的产生对人类固有的诸多传统思维定势产生了巨大冲击。

第3话："互联网思维"的维度

互联网思维还在随着互联网的发展而不断发展着，不断被赋予新的内容，想要一口气将其说清楚还是很有难度的，笔者将近些年主要观点归纳如下，以期尽可能全面展示互联网思维的精髓。

互联网思维体系，包括基于有线网络和无线网络的互联网思维，前者姑且称为"传统互联网思维"，后者谓之"移动互联网思维"，前者是基础，后者是前者的发展（见图1-1）。

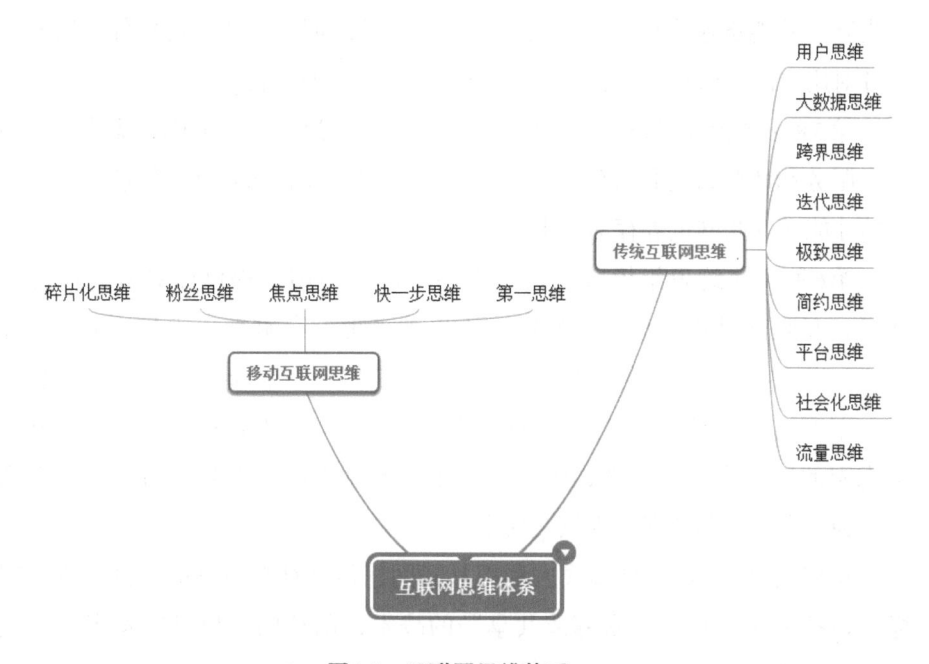

图1-1 互联网思维体系

"传统互联网思维"是在大胆颠覆式创新总法则下，开展的9种思维模式。

第1种：基于用户的思维模式。其核心是以"用户"为中心，起初"用户"是指互联网产品的使用者，以"用户"为中心指能满足一切潜在客户群体的需求，采取各种如定制、体验及免费的策略，促使"用户"参与产品的生产过程，后来"用户"的概念被拓展到各行各业，比如，近年来在教育领域广为流传的"翻转课堂"，其实质就是以学生（教学过程中的"用户"）为中心的思维方式。

第2种：基于大数据的思维模式。其思维要点就是通过分析用户使用网络的过程中产生的信息、行为、关系3个层面的数据，来帮助企业或决策者进行预测和决策，以便为广大用户提供个性化的精准服务。

第3种：跨界融合思维模式。在工业社会时代，讲究社会分工，行业边界明晰。而到信息时代，由于互联网的极强亲和性，很多产业的边界变得模糊，互联网企业通达零售、图书、金融、电信、娱乐、交通、媒体等各行各业，几乎无孔不入。"互联网+"就是跨界融合思维的充分表现。

第4种：迭代更新思维模式。通俗地说就是一个字"快"，要有敏锐的商业头脑，并能迅速作出反应，这种改变可以是微创新，比方说软件的版本升级要针对用户的反馈及时更新，产品才更容易贴近消费者。

第5种：极致思维模式。本质就是要尽一切努力，为用户提供极致的产品、服务和体验，这种极致是超越用户想象的，唯有拥有这样的产品、服务和体验才能在互联网世界存活下来。

第6种：简约思维模式。其产生的基础是为用户提供面对海量信息时的选择，互联网时代，信息量暴增，用户越来越没有耐心，甚至产生"选择恐惧"，为了短时间内获得用户青睐，只要给消费者一个选择你的理由，足矣。

第7种：平台思维。这是一种基于开放、共享、共赢打造多主体互利共惠生态圈的思维模式，例如，阿里巴巴本身不做电商，而是致力于建设电商平台，为广大商户和消费者提供交易平台。

第8种：社会化思维模式。利用互联网，借助社会力量推广自己或实现目标，包括采用"众包、众筹或共享"的战术，前述的阿里巴巴发售的"娱乐宝"就是运用众筹战术体现社会化思维的一个优秀案例。

第9种：流量思维模式。这是一种以小搏大的思维方式，采用"免费"方式吸引用户，但客户达到一定数量，就会发生质变，例如，QQ、微信等对广大用户都是免费的，但当用户达到很大体量时，QQ、微信自己的品牌也就树立起来了，价值也随之体现出来。

移动互联网思维伴随移动互联网产生，有人总结出了"5F思维"，即fragment（碎片化思维）、fans（支持者思维）、focus（焦点思维）、fast（快一步思维）、first（第一思维），这些思维方式是传统互联网思维的延伸和发展。

碎片化思维，一方面，以手机为代表的移动终端实现了服务提供者与用户之间实时、互动和永久连接，用户群体借助互联网实现全天候消费，享有充分的消费自由度，利用碎片化时间，在碎片化的地点，满足碎片化的需求，简单地说就是随时随地享受碎片化服务，例如，消费者利用等地铁的时间在地铁站即可完成网上购物或观看微视频来享受移动互联网带来的便利；另一方面，广大消费者每天通过微信等社交媒体创造大量碎片化内容，也收到大量碎片化信息和服务，这些碎片化信息充满消费者的生活和工作，影响着他们的决定。因此，碎片化思维的核心对于服务者而言就是如何制造出能够吸引客户眼球的产品（可以是商品，可以是服务），抢占消费者的碎片时间。

支持者思维源自传统互联网思维中的用户思维模式，除了以用户为中心提高产品质量和销量，更注重与消费者建立情感联系，发展忠实消费者，进一步发展成产品支持者，带给产品正向的推荐和评价，这些支持者在品牌出现负面评价甚至是危机的时候，能第一时间捍卫产品的声誉。小米的成功，就是将支持者思维发挥得淋漓尽致的典范，从米粉节到网上社区再到各种线下互动，"为发烧而生"的小米汇聚了庞大的支持者群体，促使其跻身于中国互联网公司中心位置。

焦点思维，是传统互联网简约思维模式的发展，乔布斯在接受《商业周刊》采访时曾如是说："专注和简单是我的秘诀之一。简单比复杂更难，你必须更努力工作来使你的思想干净、简单，但这是值得的，因为一旦你做到了，你就可以创造奇迹。"在移动互联网时代，要善于做减法，面对沉浸在信息海洋中缺乏耐心和有选择困扰的消费者，集中自身品牌的焦点性优势和战略方向，坚守下去，将其做到极致，通过支持者互相传播，自然达到"酒香不怕巷子深"的效果。

快一步思维，是传统互联网迭代思维模式的延伸，移动互联网时代是一个"快餐"时代，凡事讲求一个"快"字，不但产品信息传播要快，产品升级换代更要快人一步，抢占"先机"。

第一思维，是传统互联网极致思维模式的极致发展，要做就要做到最好，在残酷竞争的时代，唯有行业翘楚方可驻足消费者的碎片化思维，在移动互联网时代就要做"第一"，敢于做"第一个吃螃蟹的人"，这就是第一思维的核心要义。

第4话，如何理解"互联网思维"

理解"互联网思维"的关键是搞清楚它究竟是怎样的一个存在？

首先，"互联网思维"根植于互联网，又高于互联网，"互联网思维"一经产生是可以移植的。

其次，"互联网思维"是基于用户心理的决策过程，其本质是"人"而不是"网"，是一种面对海量用户在使用网络的过程中生成的高效信息流产生快速反应的认知模式。

最后，"互联网思维"不是空穴来风，是人们在利用网络的过程中对已有思维模式的补充、升华。例如，5F移动互联网思维都不是移动互联网时代所独有的思维，因为在移动互联网时代以前它们就已经存在了。比如支持者思维，很久以前我们就讲口碑传播，讲"回头客"和二次销售，这其实就是支持者思维。移动互联网的出现，只是让这些思维的重要性凸显了出来，变得比以往更为重要，成为移动互联网思维的典型特征。

第5话，"互联网思维"的未来走向

互联网思维由于产生的时间不长，其理论体系还不健全，互联网思维的未来研究将向以下3个方向发展。

第一，互联网思维将逐渐系统化。由于互联网思维受到了重视，在未来一段时间，会有更多的专家对这个概念进行研究，有可能形成有体系的管理理论，从而推动互联网思维向产生系统化的管理工具发展。预计在未来10年的时间里，互联网思维将脱离目前的一些表象凌乱的描述，产生一些较为系统的思考和可操作的思维管理工具。

第二，互联网思维将融合工业思维。之所以有互联网思维的概念，是因为传统工业思维不足以解释一些互联网现象，专门对互联网思维进行分析研究，有助于我们深刻认识这个时代的一些特征，并形成一些有特色的管理工具，创造更多的价值；但是，单纯地推翻或者否定工业思维的一切，并非真正的互联网思维，随着对互联网思维的相关研究不断深入，互联网思维也会跟工业思维相融合，这也符合互联网思维本身提倡的跨界融合的思维方式。

第三，互联网思维将不断演进。互联网思维的未来除将呈现逐步系统化的特点外，它还会伴随着不断发展的互联网技术而不断演进，并不是一成不变的，因此在运用互联网思维指导实践时应与时俱进。

2.2.2 互联网思维釜底抽薪挑战传统思维定势

众所周知，思维方式是人脑活动的结果，离不开人类的实践，是时代的产物，互联网思维的形成和发展依托互联网技术的产生和发展，因此离开互联网谈"互联网思维"那就是"空谈",莫说农耕时代不可能有互联网思维,就是当今,跟没有接触过互联网的老人谈"互联网思维"也像是"鸡同鸭讲",根本不知所云。互联网在出现伊始,首先作为一种工具或手段进入人们的视野,它和电、蒸汽机一样,就是一项技术,谁也没有料到后来,互联网掀起了一场信息革命的"海啸",改变了生产关系,提升了劳动效率,促进了生产力的发展。

随着时代的发展,人们在改进和运用互联网技术的过程中,通过思维不断挖掘和拓展互联网技术的应用领域,伴随着技术与思维的碰撞,人类对互联网的认识螺旋式上升,不断深化,渐渐脱离了工具属性,升华为一种全新的思维体系,它促使人们用新的视角去看待人与人、人与世界的关系,用新的思路去规划各行各业的业务流程,用新的思想去处理经济、社会、管理和市场等问题。

综上所述,一方面,互联网思维以互联网技术为基础去思考和处理问题,一旦脱离互联网,互联网思维就失去了存在的物质基础,根本没有任何实现的可能;另一方面,人的思维插上互联网的翅膀,互联网又为思维结果提供实现平台;由此可见,"互联网"与"互联网思维"相辅相成,而传统思维定势基于工业时代或更久远的时代背景,那时根本不存在互联网技术,因此根植于互联网技术的互联网思维从根基上颠覆了传统的思维定势。

2.2.3 大数据思维演绎互联网思维如何打破传统思维定势

为了揭开互联网思维颠覆传统思维定势的真相,以大数据思维模式为例详细描述一下,互联网是如何颠覆和重构人们思维模式的。

大数据思维与混沌思维类似,充满不确定因素。大数据二元思维结果取代传统一元思维结果;追求高效率的大数据思维渐渐代替传统的追求精确度的思维定势;传统的寻求因果关系的思维模式正被探究相关性的大数据思维取而代之;大数据包容不精确数据,分析事件发生的概率取代过去追究事件发生的确定性。

2.2.3.1 大数据基于全数据分析的思维模式颠覆传统抽样统计调查思维模式

互联网技术最大的特点就是信息的数据化,自然界所有事物和人类的所有活动都可以转化成数据。在大数据技术出现之前,由于人类缺乏方便、快捷、动态的获得研究对象有关的所有数据的技术限制，在过去的一百多年，人类发明并使用抽样统计分析方法以解决特定的问题，这在当时是很奏效的研究和决策的方法。如今，技术环境有了天壤之别，数据收集、存储、分析技术的突破性发展，使人类可以非常容易、高效、实时地获取研究对象的所有信息，不再依赖于采样，可以更全面、清楚地发现样本无法揭示的细节信息，依据全数据提供的信息展开分析，作出判断和决策。大数据思维依靠大数据技术颠覆了传统的抽样统计分析思维模式，根据全数据样本提供的信息思考和解决问题，由于大数据包含了全部的信息，避免了通过抽样分析得到结论的偏差，基于全样本的大数据分析得出的结论精确度很高，数据越大，真实性也就越大，这样得出的结论或规律就更可靠。

2.2.3.2 大数据的容错思维挑战传统小数据的精确思维

在小数据时代，受制于样本收集技术，采集的样本数量、信息量比较少，对数据的质量要求相应地就比较高，必须确保记录下来的数据尽量结构化、精确化。

在大数据时代，受益于数据处理技术的突破，过去不可计量、存储、分析和共享的大量事物都被数据化，生成庞大的非结构化的数据，大数据分析和决策面对的是混杂了结构化和非结构化的全样本数据，如果像小数据时代一样一味追求数据的结构化和准确化，那将有大量数据是不能被利用的，正如舍恩伯格（Viktor Mayer Schonberger）所言："执迷于精确性是信息缺乏时代和模拟时代的产物。只有5%的数据是结构化且能适用于传统数据库的。如果不接受混乱，剩下95%的非结构化数据都无法利用，只有接受不精确性，我们才能打开一扇从未涉足的世界的窗户。"

所以，面对复杂混乱的大数据，人类必须转变传统的追求精确的思维方式，打开我们的胸怀，允许不那么精确的数据纳入更好地理解这个世界的范畴，牺牲微观层面上的部分精确度换取宏观层面上更好的预测力和洞察力。

2.2.3.3 传统的基于因果推理确定性的判断思维向基于相关性的模糊判断大数据思维转变

在传统思维领域，人类掌握的数据量有限，而且常常不是多维度的，由于缺乏完全数据的支撑，人类总是试图从有限的样本里找到现象背后的因果关系，执着于通过对样本的分析推理出事物的内在机制，追究一个事件发生是另一事件发生的确定性关系的内在机理，例如，青霉素的发明过程就是传统因果推理思维的代表。19世纪中叶，科学家赛麦尔维斯（Ignaz Phtlipp Semmelweis）等发现微生物细菌会导致很多疾病，很自然地想到杀死细菌就能治好疾病，这就是因果关系；后来弗莱明等人发现，用消毒剂涂抹伤口并不能治好疾病，于是想到要寻找能够在人体内杀菌的物质，1928年弗莱明（Alexander Fleming）发现了青霉素；直到1943年，科学家才研究出青霉烷是青霉素的有效成分，至此青霉素治疗疾病的因果关系被人类所揭示；1945年科学家摸清了青霉烷的分子结构；直至1957年终于可以人工合成青霉素。在整个青霉素的发明过程中，人类就是不断地分析原因，然后寻找结果，按照因果关系，研制一种新药就需要如此长的时间和如此高的成本。

大数据思维则不注重事件与事件之间的必然联系，而是通过大量的数据统计，得到某种迹象可能出现的结果中高概率出现的那个结果，重点在依据迹象的高概率结果作出快速有效的决策，而不纠结于探究产生结果的原因。例如：为了研究吃海参和人的聪明度之间的关系，科学家通过大数据系统采集大众的饮食行为、学习思考等智力行为的数据，通过数据分析找出人的智力行为与常吃海参之间的关系，如果发现常吃海参的人出现高智力行为的概率相对较高，就可以得出人们多吃海参就能提高聪明度的结果。这样的数据分析为我们作出快速有效的决策提供依据。

受技术的限制，基于有限样本数据的传统抽样思维无法揭示事物之间普遍的相关关系。然而在大数据时代，通过大数据技术的挖掘，人类可以认知和洞见事物之间隐藏的相关关系，以帮助人类及时捕捉信息和预测未来。因此，通过大数据关注事物之间线性或非线性的相关关系，不仅能帮助人们发现事物之间隐藏的联系，还可以及时掌握人类在经济、技术及社会等领域传统思维无法企及的动态现象之间的相关关系。由于建立在相关关系分析基础上的预测比找到准确的因果关系效率高、时效强，未来基于相关关系的思维方式甚至可以超越因果关系思维方式，成为人们审视这个世界的新角度。

当然，需要说明的是用关注相关性的思维方式来思考问题、解决问题，不是抛弃因果关系，因果关系还是基础，是科学的基石。只是在高速信息化的时代,为了得到即时信息,实时预测,就好比预警技术,只有提前几十秒察觉,防御系统才能起作用。例如,雷达显示要有一个提前量,如果没有这个预知的提前量,雷达的作用也就没有了,相关性思维也是同样的道理,在快速的大数据分析技术下,寻找到相关性信息,就可预测用户的行为,为快速决策提供提前量。

大数据思维颠覆传统思维仅仅是互联网思维颠覆人类思维的冰山一角,随着互联网、人工智能等技术渗透人类生活的各个层面,在将来,会有更多的思维模式颠覆或发展人类已有的思维模式,丰富着人类的思维体系和管理工具包。

3.互联网从技术到思维是一次质的飞跃

互联网技术是20世纪最伟大的发明创造,是人类迈向信息时代的重要里程碑,在人类发展史上必将留下浓墨重彩的一笔。然而,互联网技术本身只是技术而已,并没有生命力,只有当技术被人类无限制地拓展应用,并由此引发激荡人心、震憾世界的影响,才能被赋予生命的力量。在这个过程中,技术首先成为人类发展生产力的工具,进而延伸为新生产工具下对重新组织生产方式的思考,并由此升华形成新思维模式,完成从技术到工具再到思维的质的飞跃过程。

3.1 从技术演变成工具,是互联网技术的第一次飞跃

人类整个进化的历史是一个不断发明新技术、并由新技术衍生出各类工具,再利用工具改造世界的过程。从旧石器时代为获得物质而发明制作的各种石刀、石锤等工具开始;到第一次、第二次工业革命;再到现在的信息时代,人类发明了发电技术、飞行技术等,并生产出基于电技术的各种各样的电器和基于飞行技术的飞机、飞船等。到今天,尤其进入信息社会,计算机技术和通信技术发明,电报、电话、电脑等工具陆续出现,"互联网"是计算机和通信技术融合而成的产物,最初以计算机通信技术形态出现在人们眼前,后来逐渐演变成一种"连接"工具,跟之前的通信连接工具不同,"互联网"为人类创建了一个虚拟世界,把连接在互联网上的各种终端人格化,比如联网的每一部手机后面都是一个活生生的人。通过互联网这个连接工具,可以把人与人、人

与物、物与物连接在一起，使整个世界变成"地球村"，从计算机通信技术向"连接"一切的工具转化，是"互联网"技术应用的第一次飞跃。

3.2 从工具升华到思维，互联网实现质的飞跃

从工具到工具思维是人类思维发展的普遍规律，创造新工具不仅有利于经济的发展，还塑造了人类的行为（包括思维），甚至机能，影响着人们的行为规范和对世界的看法。纵观人类历史，有很多伟大的发明一被社会认识，便会被社会各个层面所利用，例如，电力作为动力工具，被人类运用到生产、生活各个层面，并深入人的思维中，只要需要动力时，自然会想到电力。虽然如此，却没有一项工具（或技术）被称为某某思维，如没有电力思维、飞行思维等说法，那么，为什么互联网技术能升华成"互联网思维"？因为，在人类历史上没有一项技术像"互联网"这样全方位影响着人们的物质和精神生活，没有一项技术像"互联网"这样富有生命力，没有一项技术像"互联网"这样能把世界连成一体。

随着时间的推移，互联网技术潜藏的生产力将不断被挖掘，当然，一种技术从工具属性到社会生活，再到群体价值观的变化，往往需要经历很长的过程，但是，生产力决定生产关系，互联网技术已从社会应用升华到思维层面影响着社会群体价值观，势必吸引更多的学者展开对"互联网思维"的研究，有可能形成有体系的管理理论，从而推动互联网思维向系统化的管理工具发展。纵观人类历史，人类社会每次经历的大飞跃，最关键的并不是物质催化，甚至不是技术催化，而本质是思维工具的迭代。

第3节 互联网思维升级版：互联网+

"互联网+"既是对"互联网思维"的总结，也是"互联网思维"的升级换代；"互联网+"是国家战略层面的、宏观的，"互联网思维"则是行业具体执行层面的、微观的，二者是协调统一的；"互联网+"中的"+"并不是简单地加加减减，它讲求的是融合、转型，是互联网与传统的结合，是"互联网思维"的终极运用。

1. 诠释"互联网+"

"互联网+"是互联网技术发展的阶段性产物，是一个渐进形成的概念，是国家层面的战略部署，具有重要的战略意义。

1.1 "互联网+"的由来

"互联网+"从提出到完善再到成为国家战略仅历时2年多，它以"网络"的速度从鲜为人知的概念迅速成为全民皆知的词汇，下面简述"互联网+"概念的由来。

1.1.1 "互联网+"概念提出

有关"互联网+"概念最早由谁提出，有两种说法。一种说法是：较早提出"互联网+"这一概念的是易观国际，2012年11月14日，易观国际董事长兼CEO在"易观第五届移动互联网博览会"上提出"互联网+"，他认为谈移动互联网的本质不能离开"互联网+"，"互联网+"是一种"化学公式"，是互联网行业的产品和服务同多屏全网跨平台用户场景结合之后产生的"化学反应"的结果，它是互联网对传统行业的渗透和改变。另一种说法是：关于"互联网+"，最早可以追溯到2013年11月的一次"三马发言"，"三马"是指阿里巴巴集团创始人、中国平安保险集团股份有限公司董事长、腾讯公司创办人。当时腾讯公司创始人提出互联网+一个传统行业，代表了一种能力或者是一种外在资源和环境，能提升这个传统行业，即以互联网为平台，在信息通信技术支撑下与各行业实现跨界融合，例如，互联网+教育就是互联网在线教育。

1.1.2 互联网+概念完善并上升成为国家战略

腾讯公司创始人2014年4月21日在《人民日报》发文首次公开提出"互联网+"，他认为"互联网+"中"+"的是传统的各行各业。随后，在2015年全国两会上，他提出了加快推动"互联网+"的建议，建议中，对"互联网+"他解释为：利用互联网平台和信息通信技术，把互联网与各行各业连接起来，在新的领域创造一种新的生态。

随后，由阿里巴巴旗下的阿里研究院发布的《"互联网+"研究报告》认为："互联网+"是以互联网为主的涵盖了移动互联网、云计算、大数据技术等的一整套信息技术在经济、社会生活各部门的扩散、应用过程。云计算、大数据与移动网络等新技术是"互联网+"的动力，推动各产业与互联网的结合，传统产业"互联网+"的过程也是转型升级的过程。

2015年，国务院总理李克强在政府工作报告中，正式提出制定"互联网+"行动计划，"互联网+"概念上升为国家战略。从此，"互联网+"代表一种新的经济形态，是把互联网创新成果与经济社会各领域深度融合，充分发挥互联网在生产要素配置中的优化和集成作用，以提升实体经济创新力，提高传统产业生产力水平，形成更加广泛的以互联网为基础设施和实现工具的经济发展新形态。同年7月，国务院印发的《国务院关于积极推进"互联网+"行动的指导意见》（国发〔2015〕40号）中有关"互联网+"的描述是"把互联网的创新成果与经济社会各领域深度融合，推动技术进步、效率提升和组织变革，提升实体经济创新力和生产力，形成更广泛的以互联网为基础设施和创新要素的经济社会发展新形态。"这是官方对"互联网+"最权威的解释。

1.2 互联网+行动的战略意义

2015年国务院关于积极推进"互联网+"行动的指导意见从"工具"到"要素"确立了"互联网"在"互联网+"中的地位，"要素"意味着互联网是创造驱动价值不可或缺的核心因素，相反"工具"则非必选项，存在可选择弹性；同时，明确了互联网不但影响经济发展，还对社会发展产生深远的影响，因为"互联网+"倒逼改革，不仅要"+"包括传统行业在内的经济领域，还要改进公共服务，优化社会治理，实现互联网+政务、互联网+公共服务、互联网+智慧民生，以促进社会新生态的发育、优化。

随着"互联网+"行动的铺开，从中央到地方、从政府到民间、从企业到个人，都去拥抱互联网，推动互联网与社会、经济各领域的深度融合，对于促进"大众创业、万众创新"局面和加速生成经济、社会发展的新功能、新生态意义重大。

2.透视互联网+

"互联网+"是个时尚的概念，频繁见于官员讲话、行政文件、媒体表述中，致使各行各业、社会各个领域，常常不加区别、囫囵吞枣地套用，因此全面揭示"互联网+"的内涵及本质，对于认识、理解直至把握"互联网+"带来的发展机遇显得尤为重要。

2.1 互联网+的内涵

2015年国务院关于积极推进"互联网+"行动的指导意见，全文17,000多字，从行动要求、重点行动、保障支撑三个层面为积极推进"互联网+"行动提出指导意见，"互联网+"行动蕴含丰富的内容，主要包括以下内容。

2.1.1 互联网+是创新驱动下的社会发展新常态

"互联网+"代表一种新的社会经济形态，即新常态，新常态是新驱动（新动能，即创新驱动发展）、新要素、新生态、新业态的集成，它是互联网技术在生产要素配置中的优化和集成的结果，也是经济、社会各领域深度融合互联网的创新成果，其核心是着力提升实体经济的生产力和包括实体经济在内的社会各层面的创新力，形成更广泛的以互联网为核心实现要素的经济、社会发展新形态。具体来说，"互联网+"是创新2.0下的互联网与传统行业融合发展的新形态、新业态，如"互联网+创业网络体系""开放式创新体系""创业服务业"等新业态；"互联网+"为"大众创业、万众创新"提供平台，促进构成中国经济细胞的每个社会成员都成为创业、创新因子，成为知识社会创新重要来源的社会新形态。

2.1.2 "互联网+"是融合互联网思维的新思维

"互联网+"继承和发展了互联网平台融合、跨界等思维，并在此基础上发展了开放包容共享思维、公平思维、普惠思维等新的理念。

开放是互联网精神的精华，它是一切的开始，唯有开放方可连接，才能引领新的生态系统形成，才有自我革新的勇气和海纳百川的胸怀，2015年国务院关于积极推进"互联网+"行动的指导意见强调"营造开放包容的发展环境，将互联网作为生产生活要素共享的重要平台，最大限度优化资源配置，加快形成以开放、共享为特征的经济社会运行新模式"。这意味着互联网是开放共享的基础，为优化资源配置、构建开放式创新体系及营造智慧生活提供重要平台，同时也意味着社会各行各业在互联网的反哺之下，应持有开放、包容的态度以实现共享，努力实现以互联网+促进新业态、新模式的创新、培育与发展，因此开放包容共享是互联网社会化思维的提升，是"互联网+"的新思维模式。

坚持和发展跨界思维，"互联网+"思维极大地拓宽了跨界的范畴和方式，在范畴上由传统的跨行业向跨主体、跨区域、跨领域、跨组织、跨平台、跨要素等方向延展；在跨界方式上，2015年国务院关于积极推进"互联网+"行动的指导意见提出"引导建立社会各界交流合作的平台，推动跨区域、跨领域的技术成果转移和协同创新"。明确了"互联网+"思维下跨界的目标是通过构建合作交流的"创客"平台，实现"众创"，强调合作交流、协同创新的价值取向，提倡在跨界过程中应秉承尊重价值、有效交互、注重体验、放大价值等态度，强调跨界主体间要互相尊重和理解，探索彼此间新的连接方式、互动模式及价值创造的新路径，促进互联网技术在行业中的融合协同应用，进而形成跨界集群。

坚持融合创新思维，2015年国务院关于积极推进"互联网+"行动的指导意见提出"鼓励传统产业树立互联网思维，积极与'互联网+'相结合。推动互联网向经济社会各领域加速渗透.以融合促创新，最大程度汇聚各类市场要素的创新力量，推动融合性新兴产业成为经济发展新动力和新支柱。"

坚持普惠思维，2015年国务院关于积极推进"互联网+"行动的指导意见贯穿普惠意识，主要是从金融领域提倡普惠经济，全文从2个角度，出现4处"普惠"：一是目标上让"社会服务进一步便捷普惠"；二是"'互联网+'普惠金融"行动；三是还指出要"促进互联网金融健康发展，全面提升互联网金融服务能力和普惠水平"；四是"拓宽普惠金融服务范围，为实体经济发展提供有效支撑"。虽然，普惠思维源自金融界，但事实上，在其他领域也是可以推而广之的，如普惠教育等。

坚持公平思维，"公平"在2015年国务院关于积极推进"互联网+"行动的指导意见中出现4处。一是在原则上针对"安全有序"，要求"建立科学有效的市场监管方式。促进市场有序发展，保护公平竞争，防止形成行业垄断和市场壁垒"。二是谈发展目标针对"社会服务进一步便捷普惠"，要求"社会服务资源配置不断优化，公众享受到更加公平、高效、优质、便捷的服务"。三是在"'互联网+'益民"服务中，强调"促进教育公平"。四是在"保障支撑"之"营造宽松环境"中，对信息企业垄断行为亮起了红灯，进行了预警，指出"完善反垄断法配套规则，进一步加大反垄断法执行力度，严格查处信息领域企业垄断行为，营造互联网公平竞争环境"。从互联网思维角度来看，"互联网+"思维下的公平思维是对"用户思维"的拓展，其所描绘的是在"互联网+"形成跨界集群的前提下，社会公众或组织皆为集群下的用户，人人都有平等接受教育、医疗、数字服务的公平的机会；公民或组织享有国民待遇的公平机会；人人都拥有同起点、非歧视、公平竞争的发展机会；等等。

2.1.3 互联网+是新经济

"互联网+"时代的经济发展呈现新的特征与形态。以共享单车为代表的共享经济，以众筹、众包为代表的WE众经济，以普惠金融为代表的普惠经济，以VR技术为支撑的体验经济等，都是"经济社会发展新形态"的组成部分或不同表现形式。

2.1.4 互联网+带来的是新机会

通俗地说，"互联网+"就是"互联网+传统行业"，是在创新2.0驱动下互联网与传统行业融合发展的新形态、新业态，代表一种新的经济形态。"互联网+"重点促进以云计算、物联网、大数据等为代表的新一代信息技术与传统行业的深度融合，培育新的发展生态系统，壮大新兴业态，打造新的经济增长点，为"大众创业、万众创新"营造良好环境，支撑传统行业智能化提供新的经济发展动力，促进国民经济体制增效升级，恰似为传统行业插上一双互联网的"翅膀"，助飞传统行业。因此，"互联网+"行动带动传统行业旧貌换新颜，创设的新机会比比皆是，从每一项重点行动中都可以找到创新业态、创新服务、创新模式的线索。比如服务创新，服务对象从个体层面、企业层面到产业层面，从政府到行业、企业，从网络空间到线下，从国内到海外。融合创新平台还要体现个性化，服务创新是关键；通过创建服务标准和个性化服务，可以促进科技成果转化和产业化，提高产业创新、转型的速度与效能，带来了传统经济发展一个又一个的机会。

2.2 互联网+基本要素

从"互联网+"的概念中可以提炼出它的四个基本要素：一是技术基础，即构建在现代信息通信上的互联网平台；二是实现路径，即互联网平台与传统产业的各种跨界融合；三是表现形式，即各种跨界融合的结果呈现为产品、业务、模式的不断迭代出新；四是"互联网+"的最终形态，即一个由产品、业务、模式构成的动态的、自我进化的、连接一切的新生态。四个要素形成自然的递进关系：在技术基础之上，依循跨界融合的实现路径，融入互联网基因的新产品、业务、模式不断演进，最终达到"互联网+"在微观上连接一切、在中观上产业变革、在宏观上经济转型的动态平衡。

2.3 互联网+的特征

随着互联网+行动的推进，成功的案例不胜枚举，例如："互联网+金融"，衍生出了余额宝、理财通及P2P投融资等网络金融理财产品；"互联网+医疗"，由于互联网平台接入传统医疗机构，使得人们在线求医问药成为现实。"互联网+"行动向社会各界纵深发展，将呈现出不同的业态，但从其本质属性而言，"互联网+"是互联网思维的进一步升华，具有以下6个方面的特征。

第一，跨界融合。"+"就是跨界，即在传统行业加入互联网元素，通过重塑融合打破传统行业的原有模式，促使其从保守走向开放。跨界了，创新的基础就扎实了；融合协同了，群体智慧得以呈现。各种新型关系如客户消费转化为投资，伙伴参与创新等，不一而足，这些都是互联网跨界思维的具体表现。

第二，创新驱动。自改革开放以来，中国经济的增长依靠资源、资金驱动，随着经济、科技的发展，曾经的经济驱动力量不足以促进我国经济进一步发展，党的十九大提出了中国经济"创新驱动发展"的新道路。这与互联网思维中求变、自我革命的思想相吻合，这种思路的变化更能发挥创新的力量。

第三，重塑结构。以互联网为代表的信息革命，导致世界政治、经济贸易等走向全球化，打破了原有的社会、经济、地缘和文化等结构，引发了从国家到行业各个层面的权力、议事规则、话语权的不断变化，"互联网+"行动就是要塑造新的经济链、价值链，促进产业链的升级换代。

第四，尊重人性。"用户思维"是互联网思维的核心，其要义就是最大限度地尊重人性，体现在对人的体验的敬畏、重视人的创造性发挥等闪耀人性光辉的方方面面，"互联网+"行动促进人性光辉成为推动科技进步、经济增长、社会发展、文化繁荣的最根本的力量。

第五，开放生态。关于"互联网+"行动，营造开放的生态是其非常重要的特征，推进"互联网+"行动，就是要倡导"全民创新"，化解制约创新的主要矛盾，将孤立的创新连接起来，生成由人性驱动的市场研发机制，形成能够使创新、创业者实现价值的共享开放的平台。

第六，连接一切。"互联网+"行动的主要目标就是通过连接一切可以连接的事物，实现增值效应。尤其是"5G"的应用，在原有的"人与人"之间的连接基础上发展到"人与物""物与物"之间的连接，实现世间万物的连接，因连接对象的不同，这种连接是分层次的，存在连接的差异性，而且实现的价值也不尽相同，但"连接一切"是"互联网+"行动的首要任务。

2.4 互联网+的影响

很显然，伴随互联网技术全方位、多层次、多元化、多模式、广渗透的应用，它已经从信息技术转为生产方式，已经从互动平台转为服务模式，已经从生产工具转为关键基础设施。"互联网+"则是把互联网技术的创新性成果与经济、社会等领域深度融合，优化和集成其在配置社会资源中的作用，促进生产力的发展，生成以网络为基础设施和实施要素的经济新业态，预示新的社会形态的形成。

互联网+行动带来的影响主要体现在两个方面。一方面，"互联网+"不是要颠覆传统产业，而是促进其换代升级。"互联网+"形动旨在为我国传统行业插上互联网的翅膀，促进传统行业构建新型商业模式、营造新型业态，激发社会和市场的潜力、活力，以信息流带动物质流，加速传统行业的效率、品质、创新、合作与营销能力的升级。例如：在传统通信领域，传统运营商的语音通话和短信受如微信之类的即时通信App的影响收入大幅下滑，这种损失却在"互联网+通信"模式下，由来自数据流量业务的收入弥补甚至由此带来的收入远高于因语音收入的下滑造成的损失，传统通信业务因与互联网技术融合，促进了其进行相关业务的转型升级；"互联网+交通"，催生了滴滴出行等一批打车拼车专用软件，把移动互联网和传统的交通出行相结合，增加了车辆的使用率，对环境保护也作出了贡献；此外，淘宝、东京等都是近些年零售、电子商务等领域与互联网结合的成功案例。由此可见，"互联网+"不是颠覆了传统行业，而是促进了传统行业的升级换代，特别是移动互联网对原有的传统行业的升级换代起到了很大的作用。另一方面，"互联网+"促进经济结构转型，"互联网+"行动通过优化经济结构、优化业态结构、优化市场结构三个层面的联动产生结构转型的效应。首先，"互联网+"依靠创新驱动，优化经济结构，促进经济从同质化、低附加值、产业链低端的非优化结构，转向提高质量，追求高附加值，形成产业价值链高端、满足人们多样化需求的优化结构；其次，"互联网+"将占据新业态竞争制高点，随着"互联网+"行动的展开，互联网技术应用将拓展到各行各业，催生多样化的增值服务，而从旧业态中生出的增值服务这一价值增长点恰恰是新业态的突出特点，正是这种增值的业态化，保证了高附加值的稳定来源；最后，"互联网+"将发挥网络在配置资源方面的主导作用，推动市场向精准化转变，"互联网+"将对市场行为形成相应的大数据，有了大数据，市场的一切都有迹可循，在大数据的协同作用下，促进市场对资源配置的决定性作用更上一层楼，网络数据信息显示出一对一、精准配置资源的优势，在信息化驱动下"互联网+"超级资源配置效力得以充分发挥。

第4节 互联网+教育

"互联网+"可以说是一个万能前缀，几乎各行各业都能与之相结合，"+"后面跟随任何一个行业，这个行业就会被"互联网+"的思维改变。英国广播公司（BBC）基于牛津大学佛雷（Carl Prey）和奥斯本（Michael Osborme）的数据系统分析了365种职业在未来的"被淘汰率"，结果显示，电话推销员为99.0%，打字员为98.5%，会计为97.6%，保险业务员为97.0%，银行职员为96.8%等，这些职业被替代率均在百分之九十以上。其他职业，如艺术家为3.8%，音乐家为4.5%，科学家为6.2%，律师、法官为3.5%，牙医、理疗师为2.1%，建筑师为1.8%等，这些职业被取代率很低，尤其是教师职业的被取代率只有0.4%。即便如此，并不意味着教育不受新技术的影响，事实上，教育作为既传统又新兴的行业，受到的冲击和影响无疑是不容忽视的，"互联网+教育"已经深刻影响着我们的社会和生活，"互联网+教育"模式下的人机互动、人工智能，不仅促使课堂教学模式、学习场所发生了明显变化，同时也倒逼教育理念、教学方式等开始转变。

我国《国家教育事业发展"十三五"规划》（国发〔2017〕4号）指出："积极发展'互联网+'教育，全力推动信息技术与教育教学深度融合。"

1. 教育——古老而新兴的行业

冯帮等（2015）在《教育知识与能力》中描述：教育活动与人类的活动一样古老，在相当长的时间里，教育活动与人类的生产过程、社会生活过程是交织的同一过程，随着人类文明的发展而发展。一般来说，教育主要经历了原始教育时代、古代教育、近代教育和现代教育4个发展阶段。

北师大教授、博士生导师余胜泉（2018）撰写的《"互联网+"时代的未来教育》一文中指出：在教育领域，技术绝不仅仅是用于完成现有教育的模式和方法，而是要推动教育作为一种人类活动，发生系统性变革。

可以说，教育这门古老的行当，随着新技术的发展，无论是教育者、受教育者、抑或教育媒介都被赋予了新的内容。

1.1 侃侃而谈说教育

"教育"这个话题，说来话长，就其本身而言，并无新意，学界对其定义也是五花八门：从最宽泛的角度来说，凡是能增进人的知识和技能、影响人的思想品德的一切活动都可视为"教育"；从归属行业角度来说，现代"教育"指的是学校教育，是学校教师（教育者）按社会的要求，有计划、有目的、有组织地对学生（受教育者）实施身心影响，并将学生（受教育者）培养成社会需要的人才；从国家角度来说，"教育"有时指思想教育活动，把"教育"看成整个社会系统中的一个子系统，承担着相应的社会功能；从个体角度来说，通常把"教育"等同于个体的学习过程或发展过程，如朗特里把"教育"定义为，成功地学习（一般来说，借助于教学，但非必然如是）知识、技能与正确态度的过程。

但是，从教育的内容和手段来看，"教育"却是充满生机和活力的。教育内容极具时代气息，是与时俱进的，每个时代的教育内容皆有每个时代的特点，无疑都是对每一个时代人类文明成果的推广、传承与应用；教育手段从原始的口口相传教育，到文字出现后的读写教育，到学校教育，再到多媒体教育，直到现在的网络教育等，无一不是运用了人类发展过程中的各种新技术。

从现代信息技术的角度看教育，笔者认为信息技术不仅改变了教育的内容和手段，而且教育的部分内涵也将受到冲击，如传统教育以传承知识、增进技能为目标在新的信息生态系统中可能行不通，但是教育影响人的思想品德的这一内涵却是现有信息技术无法取代和撼动的，当然，随着人工智能特别是机器深度学习能力的发展，也许人的思想品德的教育也会受到冲击。

1.2 何以成学校教育

经过几千年的演变，学校教育成为一种多因素多层次复杂的社会存在，在常人眼里，学校教育首先得有一个场所，这个场所有围墙，被称为"学校"；其次，学校里得有教师、学生，还得有教室、黑板、课桌等；最后，教师得给学生上课。而在教育家的眼里，学生就被称为"受教育者"，根据受教育者年龄的不同把学校教育分为学前教育、初等教育、中等教育、高等教育等不同层次；教师就被称为"教育者"，是实施教育活动的主体；教师在教室利用黑板给坐在课桌边的学生上课被称为"教育影响（或教育媒介）"。由此可见，要成为学校教育，教育者（教师）、受教育者（学生）和教育影响（教育媒介）3个基本要素缺一不可。

教育者，即学校教育中的教师，在传统教育理念中，教师是学校教育的主体，是影响受教育者（学生）身心发展的源泉，主导整个教育过程，是教学相长中的"教"方。

受教育者（学习者），也就是学校教育中的学生，是教育的对象及学习的主体，在传统教学理念中处于"学"方。

教育媒介（教育影响），指在实施教育的过程中，教师施加给学生的所有能影响学生心智的信息。这些信息不仅包括有影响力信息的内容，如教育目标、教育内容、教育材料等，还包括有影响力信息的有效传递和反馈的形式，如教育手段、教育方法、教育途径、教育环境、教育组织形式等。因此，教育媒介是联通教师与学生的介质，它是教学过程中形式与内容的高度统一。

所有的教育活动都在一定的教育环境中实施，在教育活动中教育者、受教育者和教育媒介3个基本要素相互独立又相互关联，教育者与受教育者从法律角度看都是独立的自然人，而教育媒介在教育者和受教育者之间起桥梁或沟通作用。一方面，教师按照一定的要求及学生身心发展的规律从人类浩如烟海的文化宝库中精心选择具有丰富发展价值的教育内容、教育材料来实现自己的教育教学目的，学生则通过教师的授课内容掌握相应的知识以备个人未来发展之需，教的活动与学的活动就是通过教育内容、教育材料这个媒介连接起来的，从而成为一个统一的活动；另一方面，为了使得教育内容或材料更好地到达学生心里，教育者要采取恰当的方式将其展示给学生，促使学生开展有效的学习，这便涉及教育手段、教育途径、教育方法及教育的组织形式等。此外，教育过程中的手段、方法、组织形式受制于教育内容和材料，需要精心设计，使之与教育内容和材料相得益彰，贯穿教育目的和要求的始终，构成有效的教育影响。

1.3 互联网撼动教育的根源

随着互联网技术的发展，受"互联网+"时代的云计算、普适计算、语义网和物联网等智能信息技术的影响，尤其是人工智能技术的发展，传统的教育行业受到剧烈冲击。

1.3.1 技术拓展了人脑的功能

面对新技术带来的越来越多的信息，越来越快的生活节奏，越来越大的复杂性和不确定性，仅靠个体头脑去认识、适应这个世界已经不可能了，信息爆炸、知识爆炸对人脑的信息处理能力提出巨大挑战。

以网络技术为核心的新技术极大地扩充了人脑处理数据的容量与速度，人机协同使得人的大脑与智能技术合作完成"思考"，实现人类认知水平的飞跃发展。技术的介入，改变了人的基本认知方式，拓展了人脑的功能，促进人的"内脑"与"外脑"联动，"外脑"主要是指存贮大量知识的设备，使人的"内脑"摆脱记忆的困扰，更多地发挥人的创新力，实现人机合一的思维方式，并日渐成为现代人认知世界的基本方式，在未来，缺乏人机协同思维能力的个体，势必无法适应信息化社会复杂的工作和生活，将遭到社会淘汰。

构建教育基础的人类认知方式的改变必将引发教育领域的系统性变革。正如美国国家教育技术计划强调的"需要进行由技术支持的重大结构性变革，需要重新设计各级教育系统的工作流程和体系结构，而不是进化式的修修补补"。因此，互联网技术的发展对以传授知识为主的传统教育的冲击力是颠覆性的,对传统教育思想、模式、方法、组织体系等都会带来意义深远的影响。

1.3.2 大数据及其处理能力全方位改变教育生态

在教育界,随着互联网、云计算、大数据(如教育数据挖掘、学习分析等技术)、人工智能等为代表的信息技术日臻完善,教育流程的全面数字化指日可待,全部数据均可随业务流程无缝流转。数据科学家舍恩伯格在《与大数据同行——学习和教育的未来》一书中指出,大数据将带来学习的3大改变:大数据能够随时采集学习中的双向反馈信息;可以真正满足每个学生的个体需求,达到个性化因材施教的目的;可以通过概率分析学生的学习行为,预测并优化学习内容和方式。这一切都将对目前基于年龄、学科的统一学习组织,对同一学习内容采用相同的教学方式的学校教育产生巨大的冲击。

2. 互联网+时代的教师与学生

在传统的教育体系中,教师与学生之间,虽然提倡教学相长,但仍以教为主,并且由于信息的不对称,教师掌握了大量的知识,而学生几乎是无知的,在互联网+教育时代这种情形将发生转变,谱写师生关系新篇章,真正做到以学生的"学"为主,达到教学相长的效果。

2.1 互联网+时代的师生关系

在传统的教育系统,信息获取的不易,导致师生之间明显的信息不对称,通常教师处于知识的强势甚至垄断地位,而学生处于信息的弱势端,知识传递就成为传统教育的主要内涵。师生关系在角色地位的分配上,教师为主体,是知识的传授者,学生为客体,是知识的被动接受者;在职责分配上,教师主导,学生被引导。但是随着互联网技术被引入教育领域,旧有的师生关系被打破:其一,在信息技术的支撑下,学生利用电脑、手机及其他移动终端,方便有效地从网络上获取信息,扭转师生在相关知识上的不对称局面,瓦解了传统师生关系建立的前提和基础;其二,师生之间信息不对称关系的改变,使教师知识的拥有或垄断地位受到影响,教师的教学主导作用受到冲击,学生通过网络掌握更多的知识,不再是一个被动接受知识的"小白",成为教学活动的参与者、反馈者,师生关系由教师主导型向师生对话型转换;其三,在互联网+时代,教师的职责不再囿于备课、授课,而是成为一个引路人,指引学生依据课程需要和自身特点从海量的学习资源库搜寻需要的信息，建构并完善知识体系，从而培养学生分析、解决问题的能力。互联网+时代学生的学习不再是对知识的死记硬背，被动地接受知识、完成测验和考试，而是重点培养对信息搜集、甄别、整理和加工的能力，并在教师的引导下，开展批判性学习，注重运用知识分析、解决问题的综合思维及创新能力的培养。

2.2 互联网+时代教师角色的变换

毫无疑问，互联网技术不可能取代教师，然而不会使用互联网技术的教师可能会被善于运用互联网技术的教师取而代之；人工智能无法取代教师，对人工智能一无所知的教师却有可能被善于利用人工智能的教师所取代。

2.2.1 "填鸭式"灌输知识的教育模式将终结，教师角色由教学主导者向知识向导转换

美国互联网思想家温伯格（David Weibergen）曾说过，在知识网络化后，教室里最聪明的绝对不是站在讲台前上课的老师，而是所有人加起来的智慧。

互联网+时代，机器将基本上可以完成传统教师"传道受业解惑"的工作，但不意味着不再需要教师，彼时教师将真正化身为学生"灵魂的工程师"，陪伴学生学习、激发学生学习动力、成为学生情感的呵护者。联合国教科文组织（2017）认为，考虑到信息与通信技术的潜能，教师应努力成为向导，指导学生通过持续学习扩充知识库以实现个体的发展和进步。教师就像是"导购"帮助学生选择和学习知识，完成知识的"采购"过程。

2.2.2 互联网+时代，教师是知识的传播者，更是学生个性化发展的引路人

互联网+时代，教师绝不仅仅是知识的传播者，善于导学、启迪学生、培养学生创新思维能力及让学生体验变革型学习等才是优秀教师的特质。在互联网+时代，充沛的数字化教学资源完全能满足学生"学"的需要，但是创造性的学习过程还需要老师"点拨"，学生的个性和价值观的塑造也是在学习过程中渐渐形成的，如果没有教师的指引，也许受到网络不良信息的影响，学生有可能走向歧路，因此教师的"点拨"就成为启发和引领学生通往成功的彩虹之桥，在这个过程中，尊重对学生的个性化培养和学生的个性发展，教师就是学生的发展方向和人生目标的引导者。

2.2.3 人与机器的结合是未来教师工作的新形态

人工智能与大数据、互联网等技术结合，经历长时间的演变，将实质性地改变教育体系。目前，比较流行的混合式教学模式就是人机结合教学模式的代表，未来的人工智能教师在教学过程中能充当以下几种角色：能完成自动出题和作业自动批阅的助教；帮助教师、家长发现学生学习中隐含的问题，并及时给予反馈与解决的学习障碍自动诊断与反馈分析师；个性化智能教与学的导师等。未来教师应该利用外部工具或者人工智能发展自身智慧，未来的教育将进入教师与人工智能协作共存的时代，教师与人工智能将各司其职，协同完成个性化、包容、公平、终身的教育，促进人的全面发展。

3. 互联网+促进学校迈向3.0

在传统教育概念中，教育者、受教育者、教育媒介这3个教育要素必须是时空的统一，学校、教室和课堂等教育媒介将教育者、受教育者紧密联系在一起。互联网的快速发展与广泛应用，推翻了校园的"围墙"，整合已有的教育内容、方法、模式等，促进优质教育资源共享，任何人通过移动终端与网络相连，均可不受时空限制地分享"课堂"教学资源，实质性地拓展和丰富了教育资源的受众面，突破了传统教育时空统一的"瓶颈"，教育成为脱离时空限制的脱域性活动。

3.1 学校的演化

当人类社会生产力发展到一定阶段，社会分工不断细化，一部分劳动力从生产中解放出来，按照社会分工的需要从事培养后代的教育工作，这是学校起源的动力机制，学校是有计划、有组织地进行系统化教育活动的专门机构，是现代教育最有效和最普遍的组织形式，纵观人类历史，在文化、经济、技术等重要社会部门的发展水平的影响下，学校的具体形态经历了学校1.0、学校2.0，如今受"互联网+"时代的云计算、普适计算、语义网和物联网等智能信息技术的冲击，正向学校3.0演变。

3.1.1 学校1.0时代

有关世界最早的学校的产生，在学术界有较大的争议。有的学者认为出现文字的原始社会后期就出现了学校；有的学者认为，最早的学校可追溯到公元前3500年前。以上两种说法并没有证据支撑,为大多数学者所公认的说法源于埃及考古界发现的"纸草"文书,此文物有力证明了当时存在着学校教育,即最早的学校是出现在公元前2500年的埃及宫廷学校。

中国最早的学校是出现在夏商时期的庠序之教,教育的对象多为贵族子弟,以学习文武、礼仪和乐舞为主,教师则由政府官员、乐师或巫师担任,带有浓厚的家族或家庭色彩,教育的目标是为统治者培养合格的人才;西周时期,学校建有"政教合一"官学体系的完备教育制度,在人员、内容、形式上作了严格的规定,是相对独立的组织机构,代表官方组织开展各种形式的教育活动;到春秋战国时期,"学在官府"的局面被打破,私学开始出现,除孔子之外,还有老子、墨子等人创办的私学,涌现出许多学派,号称"九流十家";随后,以传承儒家思想为核心,在家庭、宗族或乡村内部逐渐兴起了私塾教育,私塾成为儿童接受教育的主要途径。

总体来看,学校1.0时代的特征包括:第一,知识极度匮乏,受社会、文化及技术的限制,可供传授的知识很少,教学内容的可选择范围有限,而且知识高度垄断,仅掌握在少数人手中,教师因为占有知识而成为社会精英;第二,接受正统学校教育的人少,学校以私学为主,等级制显著,学生基本是达官显贵的后代,寻常百姓家的孩子鲜有机会读书;第三,教学谓传道、学习称求学,教学内容以儒家经典为主,教学目标是培养君子;第四,诵读经书是主要学习方式,后来增加了思辨和对话;第五,民间手艺等劳动技能无法入大雅之堂,往往通过师徒传教在代际间传递。

3.1.2 学校2.0时代

学校2.0是工业化的产物,1851年,第一部强制就学法在马萨诸塞州通过实施,孩子们开始走出家庭,进入学校,标志着人类教育进入学校2.0时代。

19世纪中后期,以蒸汽机为代表的工业社会的生产方式改变了家庭组织结构,家庭的生产和教育功能被强制性地外移和社会化,同时,大规模的工业化生产对劳动者的技能提出要求,大批量培养具有一定技能的劳动者成为社会的急需,于是,现代学校以其特有的集约化、标准化的组织优势和专业高效的运行模式登上历史舞台,出现了以班级授课制为核心的现代学校,发展成与大规模生产相适应的大规模教育模式,迎来学校2.0时代。

学校2.0时代的教育特点：学校逐渐走向高度的标准化和统一化，强调规模效应，将学生按年龄分班，同一年龄段采用相同的教材，并按规范的教学流程授课，定期考试，达标者升入更高年级，整齐划一地把学生培养成社会需要的产业工人或管理职员等，忽视学生的个性需求。如今，我们仍很大程度上沿袭工业时代的班级授课、学业制度、管理方式等教育模式。

3.1.3 学校2.0向学校3.0转型

虽然学校2.0时代的教育无法兼顾学生的个性，但其在人类社会从农耕时代跨越到工业时代的过程中为工业化大生产培养了大量的合格人才。然而，时光穿梭至21世纪，人类社会全面迈向信息时代，以信息技术为代表的第三次技术革命发明了3D打印、机器人等个性化生产技术加速大规模、标准化工业生产走向没落，越来越多的社会价值由创新和联结所创造，不再单纯来源于标准化生产的产品，对人力资源的需求更趋向个性化、创新型人才。无疑，学校2.0时代流水线式的人才培养造就的是缺乏创意和个性，千人一面的人才显然无法适应信息时代对人才的需要，倒逼我们的教育体系进行一场结构性变革。

此外，互联网、人工智能等技术打破了知识垄断，信息不对称状况不复存在，人工智能的深度学习能力将人类从知识记忆的脑力劳动中解脱出来，学校的教育不再局限于知识的传承，更多的是知识的创造性利用和人的全面发展，这种转变势必引发以传授知识为主的学校2.0将迈向学校3.0，为信息化社会提供个性化、多样化、复杂性的人才培养体系。

3.2 畅想未来3.0版学校

早在上个世纪30年代初，杜威（John Dewey）在《明日之学校》中提及的葛雷学校、帕克学校、"村舍学校"、"森林小学校"等，都代表着杜威眼中的未来学校发展趋势。此后的近百年历史里，随着教育改革的不断深化，特别是"互联网+教育"的兴起，越来越多的学者展望和描绘了未来学校的模样，例如：朱永新教授以为，未来学校是一个以学习为中心，没有固定的开学和毕业时间，每个学生拥有个性化的学习课表，学习的目的主要是满足个人的兴趣爱好和解决问题，学习方式采用大规模网络协作的零存整取的方式展开，教师的来源和角色呈现出多元化特征；尚俊杰教授认为，未来的学校建设有三层境界，先是信息化基础设施建设，然后是技术支持下的学习方式变革，最终实现教育流程再造；余胜泉教授认为，互联网将推动产生重新设计的学校，会提供更为灵活的课程安排和更适合学生个体需求的课程，而不是按照传统的学期或者固定的课程结构来组织。这些学者从自身的角度说出了对未来学校的期望，事实上，未来学校3.0作为一项系统性的改革，它的建设涉及学习方式、课程结构、组织形态等方方面面，信息化只是撬动变革的支点，并不代表未来学校的全部，绝不是未来学校存在的目的，信息技术以润物细无声的方式融入并贯穿学校教育的每个流程，营造新型教育生态，粉碎整齐划一的工业化教育环境，创造满足学生需求的个性化教育系统，结合现有技术、相关的文献资料及笔者个人看法，笔者畅想未来学校可能存在以下4类生态模式。

3.2.1 突破时空限制，虚实结合，再造学习空间

未来学校3.0将是一种虚实结合的复合体，是实体学校与虚拟学校的融合。

首先，仍存在一个叫学校的机构，机构里有专门的管理人员、相应的教学设施、各学科门类的教师等，学校根据人才培养的需要设置不同的课程，管理人员根据课程的性质安排课程教学流程，例如：有些实践性很强的实验课程或课程某些教学环节必须到实体学校完成；有些课程如一些传承性或思辨性的学科教学可以通过虚拟学校来完成。

其次，实体学校可以是具体的学校，也可以是其他学习或实践体验空间，与传统的教室不同，这些教室布局灵活、富有创新性，配备有可移动、易于变换的桌椅设施，支持着教师开展多样化的教学活动，在这样的空间里学生可以根据各自的需要在多样的空间以多样的方式学习，即所有的实体空间都可以学习。虚拟学校则有赖于技术和社会的力量，利用泛在的网络、快捷无延时的网速等技术营造一个全体民众共建、共享、共治的教育平台，担当资源提供者、学习引导者、管理服务者的功能，绝大部分知识性讲授内容将被虚拟学校承担。

再次，智慧打造数字化学习社区，利用大数据、云计算、物联网等新技术，搜集学生的学习行为信息，评估学生的学习特征与优势潜能，为每一位学生提供定制化的"学习体检表"，帮助教师研制出个性化的教学方案。

最后，创建一个能够相互融通的学习场景，利用信息技术打破校园的"围墙"，把社会中一切有利的教育资源引入学校，使学校的课程内容得到极大拓

展，学生线上线下混合学习，整个世界都变成学生学习的平台，实体学校则与虚拟学校配合，组织学生进行深度学习，开展实践、体验、创造、合作、沟通交流等。

3.2.2 基于人工智能的自适应学习与学习管理系统的无缝对接

技术背景：运用人工智能的深度学习能力构建自适应学习系统，该系统由自适应内容、自适应序列和自适应评估三个模块组成，其中自适应内容模块功能是通过分析学生对问题具体的回答，为学生提供个性化的内容反馈和学习资源推送；自适应序列模块功能则是基于一定的算法和预测性分析，不断收集学生的学习表现数据，与学习目标、学习内容及学生互动数据整合，再由模型计算引擎对数据进行处理以备使用；自适应评估模块功能是根据学生回答问题的情况及时给出或改变、调整测评的标准。

技术功能：自适应学习系统是营造未来学校3.0个性化在线学习环境的关键所在，自适应学习系统的三个模块相互联动，会根据学习者个体具体的知识和技能情况，动态调整课程内容的层次或类型，提供自动或人工干预，增强学习的成效。

技术展望：未来的学习管理系统将与自适应学习系统无缝对接，以独特的方式创造性地重组学习内容和教育应用程序，通过复杂的学习分析、自适应学习和动态社会交往，从单纯的学习管理走向对深度学习行为的引导。实体学校则化身自适应学习的实践体验场，教师的教学工作与虚拟的自适应学习系统紧密配合，线下解决个别化学习问题。可以预见，未来学校3.0随着自适应学习的广泛应用，个性和创新必然成为教学的核心，以寻求答案为主的应试教育将转向以培育创新素养为主的素质教育。

3.2.3 教室成为基于课程体系重构的创新性、体验式创客空间

现行的学校2.0课程基本是按学科设置的，便于学生系统掌握学科知识，却不利于知识结构体系的构建和综合思维能力的养成，这种教学体系注重学生对知识掌握的程度，而忽略对学生知识运用能力的培养，极易造就"高分低能"的学生，这种学生在面对信息时代更加不确定的未来时是无法适应的，而未来学校3.0时代的主流课堂则是一种基于创意流程导向的创客空间。

所谓的创客空间就是营造一个适合于创客学习的氛围，未来3.0学校将开辟

各式各样的诸如创客实验室、创客工作坊等创客空间，精心设计创客课程或项目，设置创客学习小组、创客学习导师等，打造五花八门的适合不同兴趣爱好的学生开展创客学习的生态圈。

学校3.0时代的学生则根据学校提供的课程或项目，结合自身的爱好，在教师的指导下，通过完成自主选题、调查研究、创意构思、知识建构、设计优化、原型制作、测试迭代和评价分享等一系列的创造性学习过程，做到知、行、思、创合一，打破2.0时代学校"知其然而不知其所以然"的孤岛式的"知识化"学习，通过项目或课程的学习，把跨学科的知识融会贯通起来，为将来进入社会成为富有创意和丰富实操经验的创新型人才奠定基础。

3.2.4 未来3.0版的学校将会是智慧型校园

大数据技术驱动未来3.0版学校管理走向智慧化，学校治理基于数据分析，通过移动终端、电子介质、佩戴式设备、智能手环等设备完成；大数据系统收集包括课堂教学数据、学习检测数据、学习探究数据和互动交流数据、社会情绪表现数据等驱动学生即时学习的常态化数据；收集包括学校的数据、教师的数据、班级的数据、个人的数据及达标评估的数据等阶段性、趋势性数据来预测学生未来学习的最近发展情况，驱动学生的可持续学习；收集基于学习者特征的综合数据，它通过自适应学习系统或者有经验的数据分析导师帮助学生做数据分析，基于数据的教与学的流程也会发生变化。这些汇聚成学生成长和学校服务的基础数据，大数据系统通过多维度分析提供价值判断和结果输出，将基于大数据的评价结果及时用于个体生涯规划、学习改进、办学服务提升。

第2章　时代呼唤信息素养

在人类发展的历史长河中，信息活动不断发展，但从未像现在这样，深入社会各个阶层，信息以各种形态在人与人、人与组织、组织与组织之间不断传播，如同空气、阳光一般渗透每个社会成员生存与发展的始末；网络互联时代，带来信息传播、存贮和交换效率等技术的变化，促使社会每一个成员既是信息的消费者又是信息的生产者，信息占有量及对信息的获取、运用和创造能力成为衡量一个人、一个组织乃至一个国家综合实力的重要指标。借助各种信息工具获取、生产、传播和接收各类信息的能力，即信息素养，是成为信息时代人类的重要技能。

第1节　信息是战略资源

未来学家奈斯比特（John Naisbitt）说："在工业社会里，战略资源是资本，在信息社会里，战略资源是信息。它虽然不是唯一的资源，但却是最重要的资源。"

1. 信息及其相关概念

古往今来，人类不断与自然抗争，在适者生存的法则下，最终成为这个世界的主宰，在这个过程，人类创造了绚烂的文明，积累了大量的经验，建构了很多概念，这本身缔造了人类认识世界、改造世界的知识体系，在这个体系中与信息相关概念的，除了信息本身，还有信息资源、知识、情报、文献等。因此，要说清楚信息素养，明确信息及其相关概念的内涵，厘清这些概念之间的关系便是首要的任务。

1.1 众说纷纭聊信息

"信息"在这个时代是一个鼎鼎有名的词汇，事实上，虽然人类在相当长的历史中都在不断与信息打交道，想尽办法搜集、存储、传递信息，并在这个过程中，不断丰富其内涵与外延，但是，对信息概念及其本质的探究却并不是很久远的事，至今仍存在很多的质疑和困惑。

1.1.1 信息是什么？

在我国古代，信息指音信消息；日本则谓之"情报"；英文"information"一词在西方源于拉丁语"informatio"，表示传达的过程和内容。事实上，信息是一个很宽泛的词汇，关于什么是信息，从古至今，有很多的说法，目前尚无统一的定义，不同学科领域的学者从各自的角度和层面去解释、理解信息。

从哲学的角度，信息是自然界、人类社会及思维活动中普遍存在的现象，是一切事物自身的存在方式及它们之间相互关系、相互作用等运动状态的表达。信息具有客观性、时效性、共享性、价值性、传递性、开发性。

现代有关信息比较权威的说法，一是信息论的创始人即美国数学家香农（Claude Elwood Shannon）指出，信息是能够用来消除不确定的东西，消除不确定性是信息的功能；二是美国数学家即控制论的创始人维纳（Norbert Wiener）认为，信息是人们在适应、感知外部世界的过程中与外界进行交换的内容，更具体地说，所有经由人类感官接收到的外部事物及其变化都包含信息，人类情感的表露或表达的内容及说、写、想、做的事情等都蕴含丰富的信息。

广义地说，信息就是消息，一切事物都存在信息。因此，信息是对客观事物的反映，泛指那些通过各种方式传播的、可被感知的声音、文字、图形、图像、符号等所代表的某一特定事物的消息、情报或知识。

1.1.2 信息本质的探讨

控制论的创始人维纳如是说："信息就是信息，既不是物质，也不是能量。"虽然维纳没有正面回答信息本质的问题，但旗帜鲜明地指出信息是有别于物质和能量的。一直以来，人们试图揭示信息本质是什么，产生了诸多观点，有的观点认为信息是非物质的精神实在；有的则认为信息是介于物质与意识之间的一类东西；还有人认为信息是与物质、意识齐头并进的第三本原。有关信息的本质，笔者的理解如下。

第一，信息不是物质。这比较容易理解，物质是蕴含质量和能量的客观存在，而信息有数量但不存在质量，也没有能量。

第二，信息与物质关系密切，它的产生、传递和接收及利用都离不开物质和能量。首先，信息的内容来源于客观世界；其次，信息的传递以物质、能量为载体，当然载体本身并不是信息，比如网络信息传递，以网络为载体，电负责提供能量，网络上流动的数字化"比特（bit）"才是信息，而网络和电并不是信息；最后，信息的接收和利用，一般是由人脑或电脑来完成的，人脑和电脑本身并不是信息，但却是接收、利用和创造信息的物质实体。

第三，信息不是意识。意识是人脑对客观世界的反映，离开人脑，就没有意识，或者说一旦意识被表达出来，被记录或传递，就成了信息；而信息是除了人脑，还可以借助相关的仪器设备输入、记录、存储、分析、运算及输出，以纸张、磁性材料等物质为载体游离于人脑的一种客观存在。

第四，信息与意识有千丝万缕的关系。一方面，用于记录信息的语言、文字、代码、符号等是人类在漫长的文明进程中经过人类大脑思维（即意识）逐渐产生的一系列约定俗成的定义、规则或标准等，如果缺乏这些约定俗成的东西，信息通道就无法畅通，人与人、人与电脑等彼此之间就无法沟通交流；另一方面，意识是人脑思维的产物，而人脑思维离不开信息，即意识是信息在人脑中存储、加工、处理之后的产物；此外，信息不可能自动进入人的大脑，信息唯有经过传递才能到达人的思维领域，它是人脑产生新思想、新意识的原料，但信息本身是没有思维的。

综上所述，笔者认为，信息的本质是连接物质和意识的桥梁，哲学角度认为主观意识是客观存在的反映，客观存在是物质世界，主观意识是精神世界，主观意识如何实现对客观存在的反映？这就要通过把客观世界的物质转化成信息传递给大脑，再经由人的大脑通过思维产生意识反映出来表达成信息，如此以信息为媒介周而复始，不断积累产生新的信息、新的意识。

1.2 "信息"到"信息资源"是一种跨越

从"信息"到"信息资源"是一种认识上的跨越，更是时代的跨越，体现了"信息"在人类社会发展中重要性渐显的变化过程。

1.2.1 "信息是资源"是一项伟大的发现

说到"信息是资源"这个新观念，就要提到人类的历史。在农耕时代，土地是最重要的资源；工业化时代，机器设备、熟练工人、燃料电力等能源是规模化大生产所需要的重要资源；到工业后时代，人们渐渐发现，以前未被重视的知识、技术、经验、创造力等信息性内容成为创造财富的重要的甚至是决定性资源，是竞争力的主要来源，于是便产生"信息是资源"的论断，这是一个划时代的发现，预示"信息时代"的开启。

1.2.2 "信息资源"概念创设

字面上"信息资源"由"信息"和"资源"两个词组成，事实上"信息资源（information resources）"是一个具有丰富内涵的术语，最早见于罗尔科（J.O.Rourke）发表的《加拿大的信息资源》一文中。之后，美国信息管理专家霍顿（F.W.Horton）、德国信息管理专家斯特洛特曼（K.A.Stroetmann），我国学者符福垣、代根兴、吴慰慈、马费成等陆续给出了信息资源的定义。

纵观国内外学术界对信息资源概念的定义，主要有广义信息资源和狭义信息资源两类。

广义信息资源包括信息活动中的各种要素的总称，除了信息内容本身，还囊括了所有与信息资源生成相关的人、财、物等各种资源；广义的信息资源概念，把信息活动的各种要素全部纳入信息资源的范畴，有助于从整体上把握"信息资源"的内涵；广义信息资源强调"信息资源"是经过人类开发与组织的信息集合，信息只有在实施管理后才具备成为资源的条件；还强调信息资源价值的实现与信息生产者、信息技术等信息活动要素息息相关，这种主观性正是信息资源与自然物质资源的区别所在。

狭义信息资源从信息本体论角度认为：信息资源仅指信息内容，是一类经过人类筛选、整理加工、组织序化的有用信息的集合。狭义信息资源撇开信息生产者、信息技术与设施等信息本体之外的相关要素，集中强调了信息要素在信息资源定义中的核心地位，狭义信息资源概念更易于把握信息资源的核心和实质。

从对信息资源建设实用的角度出发，本书所使用的"信息资源"概念取狭义的理解，即信息资源是人类活动中产生的，经过人为选择、组织、序化的有用信息的集合，是人们科学研究、学习工作中可利用的信息。

1.2.3 把信息变成资源的意义

把信息变成资源，是将无序、散乱甚至失控状态的信息加以甄别、筛选、收集、加工、剔除后组织成一个科学有序的体系。一般信息资源的建设由专门的机构完成，比如，图书馆、数据商、互联网企业等，在信息社会，整合和创新信息资源的开发与利用，有利于发挥信息的效用。

首先，信息作为一种资源，当其被处理成有序集合体，本身就构成了社会财富的一部分。

其次，有序化的信息资源能带给信息使用者极大的方便，借助网络和媒体，广大用户可以及时、快捷地获得有效信息。

最后，丰富的信息资源打破了知识壁垒，促进信息共建共享。技术发展极大增强了信息载体的交互性和网络性，信息用户不再是单纯的信息消费者，也可以是信息传播者和创造者，广大用户在使用有偿性信息资源时，也会通过媒介发布相关的信息，每一个终端用户都可能成为信息生产的源头，促进信息透明度的提高，信息不再成为独占的资源，打破了知识壁垒，消除信息的不对称性，促进信息更加公平公正公开地为广大社会成员所共建共享。

1.3 关于"知识"的知识

管理学家德鲁克（Peter Ferdinand Drueber）曾经说过："目前真正控制性的资源和生产决定性因素既不是资本，也不是土地和劳动力，而是知识。"那么，什么是知识？知识与信息又是怎样的关系？

1.3.1 知识是系统化的信息

"知识"这个词最早的意思是"相识的人"，也就是"朋友"。《墨子·号令》中有："其有知识兄弟欲见之，为召，勿令入里巷中。"岑仲勉注："知识，友人也。"同样，《吕氏春秋》"人有大臭者，其亲戚兄弟妻妾，知识无能与居者。"一句中的"知识"也是这个意思。

"知识"的另一个意思是"结识"或"交游"，如《南史·虞悰传》中的"悰性敦实，与人知识，必相存访，亲疏皆有终始，世以此称之。"句中的"知识"就是这个意思。

比较接近我们今天所说的"知识"的含义的是"辨识事物的能力",如明代的焦竑在《焦氏笔乘·读孟子》中所说的"孩提之童,则知识生,混沌凿矣。"

由"知识"语义的不断发展变化,我们可以看出,"知识"是一个内涵丰富、外延广泛的概念。对于知识的定义,不同的学科有不同的说法。

"知识"在《现代汉语词典》中被解释为:"人们在社会实践中所获得的认识和经验的总和。"

《辞海》定义"知识"为:"人类认识的成果或结晶。"

信息学认为:知识是系统化的信息,是人的大脑通过思维重新组合的系统化信息的集合,也就是说,信息是人脑思维的原料,知识是人脑采取各种思维方式对大量信息进行关联加工后形成的正确的信息结构。

从认识论角度:知识是人类对客观世界(包括自然界、人类社会)及思维方式与运动规律的正确认识。

人类认识和改造世界的过程就是不断从外界感知和获取信息,经思维将信息组织加工形成观念形态的知识,这些知识再经过实践反复验证,形成正确的系统化的知识体系。

知识从本质上讲是一类特殊的信息,它是信息范畴内的子概念,通常来讲,人们所要学习和掌握的用以适应社会需求的都是这一类特殊信息——知识。

1.3.2 揭开隐性知识的神秘面纱

人类在征服自然的过程中,不断获取各种信息通过人脑的思维加工形成丰富多样的知识,这些知识有的被人们以文字、图形等形式记录了下来,有的在特定的个体或群体间传递,有的则潜藏在人的脑海消失在历史长河中。

1.3.2.1 知识的类型

在漫长的历史进程中,人类积累了五花八门的知识,为了更好地利用知识,学者把知识按不同的标准划分为不同类型。例如:按知识所涉及的学科可分为哲学知识、数学知识、计算机知识等各学科门类的知识;按知识的适用范围可将知识分为理论知识、技术知识、市场知识等;当前,最为流行和最具权威性的知识分类是按知识的表达方式不同将知识分为显性知识和隐性知识两大类。

20世纪50年代末,英国人波兰尼(Michael Polanyi),在其代表作《个体知识》中首次提出隐性知识概念。波兰尼认为："人类的知识有两种。通常被描述为知识的，即以书面文字、图表和数学公式加以表述的知识，只是知识的一种类型。而未被表述的知识是另一种知识，如我们在做某件事的行动中所拥有的知识。"他把能清晰表达的那一类知识称为"明晰知识（articulated knowledge）"，未被表达的一类知识称为"隐性知识（tacit knowledge）"。为了证明存在隐性知识，波兰尼举了一个很生动的例子：我们能够从成千上万，甚至上百万张脸中认出某个人的脸，但是在通常情况下，我们说不出是怎样认出这张脸的。

自波兰尼提出知识两分法后，学者都认可存在隐性知识，相继分析和阐述了隐性知识是如何产生、传播、获得和怎样起作用。1995年日本知识学专家野中郁次郎（IRujiro Nonaka）和竹内广隆（Hirotaka Takeuehi）出版的《创造知识的公司》一书将隐性知识研究推向高潮，该著作首次提出了显性知识（explicit knowledge）的概念以取代波兰尼的"明晰知识"，并沿袭了"隐性知识"的提法，书中论述了显性、隐性知识之间可以相互转化，提出了2类知识转换的4种模式。此后，知识分为显性、隐性的两分法逐步流行，成为最权威和最具主导性的知识分类体系。

那么，究竟什么样的知识是隐性或显性的？显、隐性知识有什么区别？野中郁次郎等指出显、隐性知识能相互转化，并提出了转换的模式，那么这种转化有什么意义和作用？这些与我们后续提到的信息素养、创新2.0、信息素养教育又有什么关系？

1.3.2.2 显、隐性知识辨析

对于显性知识，其实大家都很容易明白，通俗一点讲就是那些能一笔一画写出来或一字一句说出来的知识，其最大的特点是能够有效地被表达出来，这种表达可以是文字、语言，还可以是数字化、电子化产品，这种有效的表达使得显性知识能以硬数据的形态用于交流、传递和共享。

相较于显性知识，隐性知识就有些难以琢磨。像不可言状的直觉、预感等无法被清晰表达出来的知识，就是隐性知识，其最大的特点就是说不清、道不明，独具个性难以格式化，但又真实存在，这种朦胧化特性为隐性知识披上神秘的面纱，使之成为最具创造潜力的知识。

搞清楚显、隐性两类知识，关键要找到二者之间的差异，两类知识最大的区别就在于显性知识是可以表达、解释、描述、记录、归档的、便于传递的，既可以存在于人的大脑，也可以保存在纸张、磁性材料、各种网络终端等载体的知识，而隐性知识是难以表达、无法解释、不可描述、不能记录、不便归档的存在于人的意识中的迁移困难的知识。

1.3.2.3 显、隐性知识的关系

在辨别清楚显、隐性知识的同时，应该明白二者并不是完全割裂的，存在共性和关联。

首先，二者皆为知识，自然都具有知识的本质性内容，比如，来源于信息、是对信息的正确关联、是系统化的信息等等。

其次，显、隐性知识是可以相互转化的，在一定的条件下，隐性知识转化为显性知识，同样，显性知识在一定条件下催生隐性知识。有关两类知识的转化将在第三章介绍。

最后，不管是显性知识还是隐性知识，都有存在的价值和意义，都是人类文明宝库的重要组成部分。

1.4 知识管理

哲学家培根（Francis Bacon）曾说过："知识就是力量。"而诺贝尔经济学奖获得者哈耶克（Friedrich August Von Hayek）教授却认为："知识加自由才是力量。"的确，在这个信息爆炸的时代，面对海量信息，只有拥有对知识的自由驾驭能力，即具备充分运用知识、管理知识的能力，才能在竞争中抢占先机，在竞争中充满力量。那么，对于知识管理，我们有必要了解知识管理的内容、原因与方式。

1.4.1 什么是知识管理？

知识管理从字面上来看就是对知识的管理，是管理学领域里一个重要的研究分支，然而至今关于"知识管理"的确切概念，并未达成一致意见，可谓"仁者见仁，智者见智"。

邱均平教授等人认为，"知识管理"有广义的和狭义之分。狭义的知识管理，仅涉及知识本身生命周期的管理，既包括知识生产或创造、获取或收集、加工或开发、存储与共享、传播与使用的管理，也包括陈旧知识的剔除、重复知识的整合等涵盖知识从产生到衰亡的整个过程的管理，其核心是通过管理在企业或组织内部实现其显性知识与隐性知识的转化、共享，达到运用组织的集体智慧提升应变和创新的能力；广义的知识管理，是在狭义概念的基础上，将与知识相关的所有要素囊括在内，除了对知识本身的管理，还对与知识相关的设施、资产、活动、人员等各种资源进行管理。

1.4.2 为什么要知识管理

要回答"为什么要知识管理"这个问题，首先，归根结底，管理都是为了出效益，知识管理就是把知识视同人力、物力、财力一样重要的资源，在对知识实施统一管理和调配的过程中，促进组织或个人达到提高效率、挖掘潜力的目的。

其次，知识与其他有形资源又不太一样，尤其是隐性知识，这类知识不仅难于捕捉，而且蕴藏着巨大的潜能，将隐藏在组织个体（如企业员工）大脑里的隐性知识挖掘出来，使之显性化，发挥巨大潜能，这是知识管理的首要目标和意义所在。

最后，知识管理加速组织内部知识的传递与共享，促进人潜在的发明创造能力与技术带来的对数据、信息的处理能力的有机结合，提升组织应变和创新的能力。

1.4.3 如何进行知识管理

怎么进行知识管理？这是一个相当复杂的问题，它既是一类技术工作，又体现出一种文化，更是一个哲学思辨的过程。

首先，运用技术对"知识链"实现生命周期管理。

知识管理首先就是要对显性知识进行组织，包括知识获取、存储、传播、共享及创新的管理，每一个步骤都离不开技术。

知识获取管理，涉及对显性知识的分类、整理和加工，需要掌握分类、检索技术；知识存储管理，将获取的知识以知识仓库、知识图谱等形式存储到知识管理体系中，这涉及数据库管理技术；知识传播的管理，把知识传播开来，这涉及媒体技术；知识共享的管理，涉及网络、数据库等技术；知识创新管理更是复杂的过程，涉及头脑风暴、信息交互等技术。

其次，营造"创新"文化氛围是知识管理的核心价值。

知识管理的核心是实现创新，要充分挖掘隐性知识，实现显、隐性知识的转化，这就需要组织（可以是一个企业、科研机构、高校甚至是国家）营造创新、协作、共享的文化氛围，鼓励组织内成员努力学习、积极创新。

最后，从哲学的角度进行"知识管理"。

无论从个体还是组织的角度，知识管理的过程都是价值的创造和实现的过程，就个体而言，通过知识管理完成知识创新，是个人价值的实现过程；就组织而言，如企业搜索知识、运用、创造知识的过程就是为客户创造价值并实现自身价值的过程。因此，从哲学的价值观角度，知识管理是价值创造的过程。

另外，知识转化过程是一个辩证过程，显性知识通过内化可能转变成隐性知识，隐性知识外化可能转化成显性知识，显、隐性知识的转化是知识管理的核心内容，所以，知识管理是一个辩证的过程。

综上所述，知识管理不仅要有技术支撑、文化氛围的营造，更应当要有哲学思辩思想融入其中，这样才能真正把握知识管理的真谛。

2. 信息社会的特征

1973年，《后工业社会的来临——对社会预测的一项探索》横空出世，在全世界引起巨大反响，作者系美国哈佛大学著名社会学家贝尔（Daniel Bell），他运用社会结构分析方法，以人与不同对象之间的斗争作为划分标准，将人类历史分为前工业社会、工业社会和后工业社会。前工业社会是人与自然斗争的时代，其特征是依靠自然人劳动力通过采矿、捕鱼、林业、农业等采掘性劳动从自然界获取初级资源；工业社会是人与环境斗争的时代，其特点是围绕生产和机器这个轴心组织起来以制造商品为目的的劳动；后工业社会则是人与人之间斗争的时代，其最主要特性是用知识进行社会管理、指导决策、开发研究、创造变革等，改变了经验居首位的传统模式，人类活动围绕知识开展。

"信息社会"这个词最早是在日本社会学家梅棹忠夫1963年出版的《信息产业论》一书中提出的，虽然贝尔不是第1个提出"信息社会"的人，但他明确指出后工业社会中知识在人与人之间关系中的重要性，知识是信息概念的子系统，从这个意义上说，贝尔所说的后工业社会带有浓厚的信息社会色彩，1979年贝尔本人也认为"信息社会"的概念比"后工业社会"更合适，其后"信息社会"为大众所接受。

2.1 信息社会的技术层面特点

信息社会的到来，从根本上讲是信息技术推动的结果。因此，信息社会的特点首先在技术层面上呈现出信息数字化、网络化、巨量化、虚拟化及人与世界一体化的特征。

2.1.1 信息数字化

信息社会的重要特征是信息的数字化，就是把信息转化成计算机能够识别、记录的信号，并对这些信号按规定格式进行编码，最终转换为一串用0与1表示的比特序列，保存于电子储存介质中生成数字化信息，数字化技术具有开放式的体系结构，可升级性、可互用性等特点是绝大多数信息技术应用的基础。

由于信息技术的发展，数码设备的智能化程度不断升级，如手机随时随地可以记录各种信息，电子储存介质容量越来越大、体积越来越小，导致信息生产的廉价和信息的泛在，信息数字化成本越来越低。从理论上讲，世界上任何一个人都可以随时随地把世间任何事物传递的信息转化为可存贮的数字化信息。

2.1.2 信息网络化

由于互联网通信技术与信息数字化技术的融合，大量的数字化信息实现了网络化，信息传播方式发生了深刻的变化，移动通信与数字化信息的无缝对接，导致微博、微信等自媒体的出现，改变了人与人之间沟通联系的方式，特别是随着5G网络的应用，高速率、低延时，促进物联网时代到来，信息高度网络化。

2.1.3 信息数量巨大化

毫无疑问，信息量巨大是信息社会的一个特质，据IDC（互联网数据中心）预测，2020年全球产生和复制的数据量将超过35 ZB，即350亿TB。据估算，人类近30年生产的信息已超过人类过去5000年累积的信息量的总和。

2.1.4 信息虚拟化

虚拟现实（virtual reality，VR）一词最早出现在20世纪70年代的麻省理工学院（MIT），虚拟现实是综合利用计算机技术、多媒体技术、人工智能、人机接口技术、传感与测量技术、仿真技术、微电子技术等众多学科的高新技术，营造一种虚拟环境，通过与人的眼睛、耳朵、鼻子、舌头、皮肤等感觉器官相互作用，使用户产生身临其境的感觉，并可实现用户与该环境的直接交互。

2.1.5 人与世界一体化

伴随5G技术应用，形形色色的传感设备将应运而生，人类社会进入物联网时代，通过信息传感器，就能把世间万物与互联网连接起来，超越人与人之间的互联，实现物与物、物与人的泛在连接及智能化交互，云计算、大数据等网络超级运算能力的提升及5G的快速、低延时能力的提高，促进人类实时管理和控制物联网系统中的机器设备的能力和空间更加自由和准确，如无人驾驶汽车、远程疾病手术等，打破时空限制，人与物理世界融为一体。

2.2 信息社会的社会学层面特点

技术的应用势必在社会层面引发相应的反应，关于信息社会的社会学层面的特征，美国学者托夫勒（Alvin Toffler）和日本学者增田米二分别在他们的著作《第三次浪潮》和《信息化社会》作了如下描述。

第一，信息或知识会同物质、能源成为人类社会赖以生存的三大资源之一，是信息社会重要的生产力要素。

第二，在信息社会里，经济的发展以信息或知识为主导，它是人与人、企业与企业、国与国之间的主要竞争资源。

第三，在信息社会，劳动者的知识化成为基本要求。这就要求社会每个成员或组织都要不断学习，通过信息与高素质知识劳动者的结合，促进社会的知识创新，社会的竞争主要体现在人才、知识和技术的竞争。

第四，信息、知识促进科技与人文的紧密结合。信息社会的人文精神在信息技术的作用下，追求科学精神和人文关怀的社会规范和文化将取代农业社会的农耕文化和工业社会的标准化大生产文化，世界发展呈现政治多极化、经济全球化、信息网络化、社会多样化和人类个性化等多元化特征。

第五，在信息社会，信息和知识的载体由传统纸质材料向磁性材料转化，信息和知识的传播虚拟化，信息和知识的共享脱离物质，降低了人类对物质世界的依赖度，减少了人类对物质、能量的消耗，保护了自然环境，人与自然的关系日趋和谐，社会发展呈现可持续性。

第六，毋庸置疑，信息和知识给人类社会带来正面影响的同时，也带来了诸如信息污染、信息犯罪、信息侵权等社会负面问题。

3. 信息是最重要的资源

在高速发展的信息时代，谁最先、最快、最准确地掌握了信息，谁就会率先狂赚一笔，信息无异于财富，甚至大于财富。

比尔·盖茨说过："我有一个简单而坚定的信念，使你的公司在竞争中脱颖而出的最有效方法，就是用信息技术做出优秀的工作。怎样获取、管理并有效地利用这些信息将决定你的成败。"

信息社会，哪个国家、企业、组织和个人掌握了信息资源并充分利用，就能掌握战略主动，在竞争中脱颖而出，信息在信息社会已然成为最重要的资源。

3.1 从国家层面来看，信息是战略资源

在信息社会，信息是重要的技术基础，是第一生产要素。农业社会竞争的是劳动力，工业社会竞争的是劳动工具和技术，信息时代竞争的是知识和信息的转化速度。在信息时代，对信息数据的积累、加工和利用能力将成为国力的新标志。

3.1.1 信息是国家提升生产力的第一要素

如前所述，在信息社会，信息或知识与能源、物质并驾齐驱成为社会发展的三大支柱。信息或知识正在以系统的方式全面渗透生产力的三要素，在信息社会，劳动者是掌握信息或知识的劳动者；劳动工具是能加工、传递、共享信息或知识的劳动工具，如电脑、手机、网络等；劳动对象是与信息或知识生产、创造相关的产品，如网络教育、在线果园等，信息或知识被全面应用于改造物质资源，取代人类的部分劳动，成为经济增长、创造财富的源泉，成为第一生产要素，信息或知识成了社会的主要财富，知识创新成了社会发展的主要动力，情报源成了新的权力源。对信息、信息载体、信息管道的生产、占有和控制能力日渐成为一个国家经济实力和权力的象征。

3.1.2 信息资源利用能力成为国家实力新标志

曾几何时，物资、能源、货币、黄金等的积累，标志着一个国家的国力水平，随着信息技术的发展，对数据的积累、加工和利用能力成为国力又一新标志。第三次信息革命浪潮，促进信息共享，打破信息壁垒，信息生产、传递、获取实现民主化、平等化，国与国之间在社会政治关系和经济竞争方面呈现新的形式和内容，竞争的输赢取决于谁享有更多的信息资源优势。

近年来，世界范围内，国际博弈的时空概念打破了传统地缘与物理概念上的框架，国与国之间权力竞争频率加速。围绕知识产权、WTO（世界贸易组织）的纠纷，互联网、计算机技术的控制权之争，通信卫星的竞争等频频产生，究其根源，都是各国对所需的信息消费资料的生产、加工、传输能力的占有权和控制力的争夺。信息技术及信息消费资料的生产权、支配权（话语权）的竞争，已然是国际斗争与较量的焦点，谁拥有最强的信息生产、占有和控制能力，谁就能在国际社会获得最大的经济利益和更多的话语权。信息继政治、经济、军事之后，再次成为国与国之间实力差距的附加杠杆，正如美国未来学家托夫勒（Alvin Toffler）指出的那样，当今世界，谁掌握了信息、控制了网络，谁就将拥有整个世界。

3.2 从企业或组织层面来看，信息是竞争性资源

著名经济学家霍肯（Paul Hawten）在《未来的经济》一书中提醒人们注意："一个需要了解的最重要的倾向是物质与信息在产品和服务中比例的变化。"赫斯克特（James L. Heskett）也在《服务经济管理》一书中指出："制造业正以信息取代资产。"

事实上，人类步入信息社会后，信息技术成为推动经济发展的强大动力，信息或知识在人类生产活动中的比重逐步增加，在这个过程中，信息或知识不仅能够支持各项经济活动，而且自身也日益成为卖点，如形形色色的App、5G手机、可穿戴设备等新产品都把信息或知识创造、传播和分享体现在产品和服务中，成为现代企业竞争力的焦点。

3.2.1 谁先利用好信息谁就是赢家

对于企业来说，市场就是战场。谁占据信息优势，提前占领了市场，谁就得以生存，谁失去了市场，谁就意味着失败。因此，为了让自己的企业领先于

众多企业，最好的办法就是利用信息，谁先利用好了信息，谁就是赢家。

3.2.2 信息是企业或组织决策的依据

任何企业的决策都是建立在大量可靠的信息基础之上的，运用知识管理手段，采取头脑风暴等方法将隐性知识转换为显性知识，并通过对大量的信息进行综合经济技术分析，作出正确判断，获得最优方案。

3.2.3 信息是企业创造财富的源泉

信息时代，我们获得信息是轻而易举的事，但是面对着惊人数量的信息，如何去分辨就是我们的难题了。比尔·盖茨认为："只要有竞争，就会有信息战，但仅仅靠掌握大量的第一手信息是不能完全取胜的，因为我们所处的信息社会不仅有很多有价值的信息，还有许多信息垃圾。"

因此，在选择信息时必须慎重，仔细分辨，只有掌握了大量的有用信息才有必胜的把握，时刻关注身边对自己有利的信息，并懂得利用这些信息，才能为我们创造出财富。

3.2.4 信息确保企业在竞争中取得胜利

市场风云变幻，竞争激烈，一个企业只有获得更多的信息，更了解自己的对手，才能在竞争中掌握先机，立于不败之地。因此，企业必须全面、系统、动态地收集对手的信息，并对其进行由此及彼、由表及里、去粗取精、去伪存真的实力分析，然后才能克敌制胜。

3.3 从个人层面，信息是必备资源

信息对于每个人来说就好比空气、阳光和水分一样，是必备资源，我们通过各种新闻信息了解社会，通过接收各类信息方便我们的衣、食、住、行，通过对知识之类信息的学习帮助我们成长，信息对于每个人来说都是不可或缺的极其重要的资源。

因此，无论对国家、组织机构还是社会成员而言，信息都是一种重要的资源、机遇和资本，也是智慧的源泉。

第2节 时代标配——信息素养

在第1节，我们详细探讨了信息是重要资源这个话题，然而，信息是怎么成为重要资源的，无需多言，想必大家都知道。信息本身作为一种客观存在是不可能无缘无故成为资源的，只有当信息被人或人工智能设备所感知、记录、组成信息资源，社会成员通过检索、获取并利用这些信息资源在各自领域开展各种学习、科研及创新活动，这种被利用的信息才成为重要资源。对信息的获取、利用和创新信息的能力便是信息素养最核心的内容。没有信息素养，再好的信息也只是一种客观存在，信息素养是信息成为资源、机遇或资本的重要桥梁，也是知识管理的必备利器。

1. 信息社会，信息、信息素养，孰轻孰重

在信息社会，虽然信息的存在方式、传播方式、交流方式比任何时候都丰富，信息的重要性也为大众所熟知和认可，但现实往往是：面对丰富的信息，有的人能迅速准确获得，有的人却手足无措；获得的信息，有的人能用来发明创造，有的人却熟视无睹；同样的信息，有的人靠它发了财，有人却一无所获；同样教育背景的人，因为不同的求职信息，有的人发展顺利，有的人却怀才不遇……这样的结果，是什么造成的？

1.1 信息是战略资源，没有信息素养，信息只是信息

先来看一个案例，"尿布大王"发家史。这说的是日本"尼西奇"公司，本是一家生产雨衣的小公司，某日，公司董事长多博川从一份人口普查材料中发现一条信息——日本每年出生的婴儿达250万，这是个不起眼的信息，却吸引了多博川的眼球，引发了他的思考和联想：婴儿尿布是小产品，大企业不屑一顾，但却是婴儿的必需品，按每个婴儿每年仅用2条的最低限度算，一年就需要500多万条，更何况还有海外市场。于是多博川立即带领公司转型生产婴儿尿布，结果，"尼西奇"公司的尿布一经问世，便畅销国内外，鼎盛时期，总销量占全球尿布市场的三分之一，多博川也因此成了大名鼎鼎的"尿布大王"。

"尿布大王"多博川成功地将"日本每年出生婴儿达250万"这条信息变成战略资源，完成公司的转型，为自己、公司，也为社会创造了价值。看过"日本每年出生婴儿达250万"这条信息的人绝不仅有多博川一人，对于除多博川之外的信息获得者而言，它只是一条信息而已，而多博川则对这条信息进行分析和思考，从婴儿出生数据想到婴儿用品，分析市场需求量，结合公司的物质条件迅速作出决策。这个过程中多博川所具备的"信息素养"即他对信息的敏感性及信息分析能力发挥了重要的作用。信息本是一种客观存在，在人工智能作用下可资源化，并被赋予价值，例如，数据库商建的各类数据库，数据库里的每条信息都成为数据库商手中的商品，具有价值和价格，但这些信息仅作为资源存在是无法实现价值的增值的，只有当数据库里的信息被各行各业的人所检索、获取和利用才能实现新的价值。因此，信息成为战略性资源的前提是被有信息素养的人发现并利用，也就是说，信息素养是信息成为战略资源的桥梁，否则，信息只是信息，而不是战略资源。

1.2 信息被利用的高度取决于信息素养水平

先来看一个案例，"汉字激光照排"之父王选的故事。王选院士被誉为"当代毕昇"，并因发明汉字激光照排系统获得2001年科技最高奖项，王选院士的成功同他高水平的信息素养分不开，他曾说："搞照排的时候，我按照习惯，做一件事情，总是先研究国外的状况，熟悉一下最新的进展是什么，所以我就着急看文献。""看了以后马上就知道了美国当时流行的是第3代，数字存储的，而中国随便一家都是落后的、过时的，也看到正在研究的第4代——用激光扫描的方法。"正是在文献调研的基础上，王选排除众异，绕开了对第2、3代照排技术的研究，跨越式地进入第四代汉字激光照排系统的研究，并取得辉煌的成果。

再来看一个经典的反面案例，美国在研究"阿波罗登月计划"这个项目时，发现甲醇会引起金属钛的应力腐蚀，影响阿波罗飞机燃料箱的承受力，为此投入大量的人力和财力研究解决了这个问题，事后才发现，早在10余年前就有人报道过解决这个问题"只需在甲醇中加入2％的水"的研究结果。

反观上述正反两个案例，可以看出，信息能否被利用及其被利用的程度，并不是由信息本身决定的，而是由信息需求者的信息素养水平决定的。王选院士因为高水平的信息素养，在做每一件事情时都要检索，熟悉最新的进展，了解前人的研究，并在分析文献的基础上作出精准的决策，王选院士利用信息的过程也正是信息实现增值的过程；而"阿波罗登月计划"的研究人员，也许是缺乏信息素养，也许是自以为是，没有经过信息检索，就盲目投入研究，浪费了人力物力，而且也阻断了"只需在甲醇中加入2%的水解决钛应力腐蚀"这条信息的增值空间和潜力。

以上这些案例回答了一个问题：在信息社会里，信息成为战略性重要资源的前提是信息需求者、拥有者、使用者等必须具备信息素养，并且他们信息素养水平的高低决定了信息被利用的程度，换言之，没有信息素养，信息就只是信息，不会带来机遇、资本或智慧，阻断了信息成为重要资源的通道。

2. 知识管理岂能离开信息素养

如前所述，知识管理更多是从组织层面实施管理知识的过程，主要包括知识收集、存储、共享和创新等活动，通俗一点说，一个组织（如企业、科研机构）收集相关的知识，组织内的成员在需要知识的时候可以获得相应的服务，继而，将在实践中产生的新的知识反馈给知识管理系统整理备用，这一系列活动都需要知识管理者、使用者等具备相应的信息素养。

虽然知识管理更多是从组织角度开展，但除了部分如知识收集、存储可以由人工智能取代，绝大多数活动都要落实到具体的个体，如知识共享是在组织内部个体间实现的，要求共享者具备信息检索、保存和应用等基本信息素养；知识创新活动更是个体化活动，需要包括信息分析、批判性思维等更高的信息素养水平。因此，知识管理是离不开信息素养支撑的。

3. 信息时代还要信息素养吗

信息时代到处充斥着信息。"不用检索，手机就可以收到很多的信息，根本不需要信息素养"，持这种观点的人不在少数。事实上，这种观点至少有两个错误之处：其一，将检索能力等同于信息素养；其二，简单粗暴地认为信息推送就是信息时代带来的最大益处。

3.1 信息时代，信息靠推送

信息时代的一个重要的特征就是信息量巨大，为了更便捷地为社会大众服务，很多信息服务机构或企业，都会根据用户的爱好推送信息，如淘宝会根据终端用户的购物习惯推送相应的商品，甚至会通过大数据分析来推送信息。这确实给大众带来了很多方便，但是，推送的信息真的都能精准全面地满足每个人的需求吗？或许信息推送对于大众的生活性、娱乐性的需求还是很奏效的，但是，对于教学、科研、创新等高智商活动，信息推送并不能解决问题。

另一方面，正是频繁大量的信息推送带来的信息冗余、信息垃圾也日渐成为困扰信息时代大众的不容忽视的问题。所以说，信息时代，信息靠推送是行不通的。

3.2 信息时代信息素养太重要

信息时代，信息成为人与人、人与组织甚至人与物之间关系中最重要的因子，驾驭信息交流、信息传播、信息共享、信息创造等信息活动所需要的工具成为信息时代人们的必备素质，这些能力也是信息素养的组成部分，面对信息泛在的社会现实，缺乏信息素养，人们将无所适从。

3.2.1 信息素养是信息时代公民生存素养

人类迈进信息社会，公民已然是置身于信息海洋之中，购物上淘宝、京东，出门用滴滴出行、共享单车，吃饭叫外卖，聊天打开QQ、微信……信息已潜移默化地渗透公民衣食住行的方方面面，公民不具备基本的信息素养，无异于不会游泳的人落入水中，溺于信息海洋也就是顺理成章的事了。

3.2.2 信息素养是面对信息超载的利器

所谓的信息超载包含两层含义，一层是从信息社会的角度指信息激增造成信息量巨大化、过量化；另一层指处在信息社会里的个体的信息处理能力在面对海量信息时无法负荷，即信息获取量远远超出信息用户处理信息的能力。

任何事都有两面性，信息时代产生的海量信息，一方面给人们带来了极大的便利，另一方面也因此引发了诸多问题，具体如下。

第一，过量的信息带来信息利用问题。首先，由于媒体技术的发展，借助相关平台，任何人都能在网络上发布信息，更是由于网络信息的无组织状态，对于信息的审查缺乏严格的制度，所以，看似无所不包的浩瀚网络，却蕴藏着大量重复的或似是而非的低值信息，甚至不乏虚假的负价值的信息，各种信息混杂，导致信息使用者花费大量时间去鉴别、筛选；其次，手机短信、电子邮箱、微信朋友圈等社交媒体推送的大量垃圾信息，促使用户不得不花时间和精力去清理，有时会误把一些重要信息也一并清理，影响了正常的生活、工作、学习秩序；最后，过量的信息使人接受信息的速度减慢、降低效率，举个例子，在淘宝买一件衣服，可能会跳出很多相关的信息，点击进去，又会有很多的评价，导致看完这件看那件，比完面料又比价格，本来决定好的又要被放弃，由于受太多信息的干扰，可能会比去实体店花更多的时间来购买一件服装。精准全面获取信息、甄别遴选信息、综合分析信息等都是信息素养所涵盖的能力。因此，面对复杂过量信息带来的信息超载问题，提升信息素养是最佳的解决方案。

第二，过量的信息带来生理及心理问题。精彩纷呈的网络信息世界，吸引了不少大学生沉迷其中，引起眼睛、脊柱、颈椎等的生理性损伤；过分膨胀的信息资源有时也会变成一种过重的心理负担，导致情绪波动、神经衰弱，引发"信息焦虑"等心理疾病；经常浏览网络上的黄色、暴力信息，导致精神萎靡不振，形成孤僻、厌世的不健康心理。信息素养中包括的对信息传播环境、传播者动机、受众言论及传播内容等的正确态度和相应规范等道德层面的素养，对于信息过量带来的身心问题也能发挥很强的抵御功效。

3.2.3 信息素养是提升学习能力的最佳武器

人类学习的过程是信息流动的过程，从学习的起始到学习的结束都离不开信息，在这个过程中信息素养发挥了决定性的作用，没有信息的输入和信息的输出，就无法完成学习，同样，信息的输入到信息的输出没有发生变化，也是一个无效的学习过程。对信息的加工能力决定了学习的有效性，因此学习过程契合了信息素养所包含的信息检索、获取、管理、分析、共享及批判性思维等内容。换言之，信息素养的本质是人类学习过程中应该具备的素质，能有效提高学习能力。

3.2.3.1 信息素养提升人类利用学习工具的能力

网络技术的进步，为学习过程中的信息加工和处理提供了大量的工具和软件，人类的学习前所未有地依赖学习工具，如学习内容依赖于网络数据库，学习过程中对信息的加工、分析、处理借助相关的分析软件，学习过程中形成新观点借助学习空间、创客平台等实现信息的汇聚，学习成果的输出借助文献管理软件等。相应地，人类在学习过程中将一些机器能做得更好的过程交由机器来完成，如需要耗费大量时间去记忆的数据、繁杂的计算过程及繁琐的资料分类、编排等，促使人类的学习有更多的时间和精力去关注机器不能完成的推理、归纳等思维层面的内容，最终产生新的信息（包括新知识、新技术、新理念等）。

信息素养正是培养一种利用各类信息处理工具来获取、分析、共享甚至生产信息的能力，这种素养能帮助学习者更有效地学习。

3.2.3.2 互联网+时代，人类学习离不开信息素养

学习素质是人在先天生理的基础上经后天培养形成的学习的基本品质结构，是人的各种素质形成的元素养。信息素养是元素养的核心，这就意味着信息素养是学习素质的核心，即信息素养是信息社会个体进行学习的过程中所应具备的素质。

互联网+时代，人类除了传统的学校课堂学习，更多通过网络学习。网络学习包括两个过程：一是网络信息的处理，这个过程学习者需要最基本的信息素养，知道学习资源在哪，如何通过接收、存储、转化和传送等获取学习资源；二是网络信息的加工，主要是如何将知识内化于心，这个过程对学习者信息素养的要求比较高，不仅包括信息管理、分析、交流等方面的能力，还需要对获取到的信息借助信息管理、分析、共享等软件平台完成个体认知建构和群体知识建构。

3.2.4 信息素养是学术研究的"绝招"

学术研究就是通常所说的"治学"，更通俗点称为"做学问"，具体指研究和创造知识，换言之，指探索新知识。学术研究的目的是发现或创造新的知识，而不仅仅是理解和接受知识，其本质是创新，但是新知识的发现和创造并不是一蹴而就的事，是在理解和接受知识的学习基础上，循序渐进完成知识创新的复杂过程。成功的学术研究涉及很多方面的因素，需要"治学者"具备各种素质，信息素养则是必备的素质，贯穿学术研究全过程。

首先，学术研究不是空中楼阁，是离不开前人的研究成果的，需要在潜心

研究前人成果的前提下提出新课题，这就要求"治学者"熟悉本专业领域内各种类型、不同格式的学术资源等，了解学术信息的获取渠道，掌握学术信息检索与利用的技巧，这一切都离不开"治学者"的信息素养。

其次，学术研究是知识创新的过程，传统"搞学问"是一个私密的过程，同行之间信息和资源不互通，同时，由于以前的信息量少，被人类揭示的知识也不多，所以依靠1间房1支笔几本书，或许就能创造出新的知识。但进入信息社会，这种状态被打破，"闭门造车"的"治学"方式不再适用，提倡信息共享，协同创新、创新2.0、创客空间等概念被提出，网络成为人们知识创新的一个重要平台。因此，信息社会里的"治学者"必须具备学术信息交流、学术信息共享及同行之间合作创新的能力等信息素质。例如，互联网技术能在短短几十年蓬勃发展就得益于互联网思维中的"共享思维"理念，即TCP/IP协议的技术公开，最终导致互联网技术广泛应用，才有后来的互联网经济和今天的信息时代。另外，批判性思维也是知识创新所必需的，而这也是信息素养的核心内容之一。

最后，从事学术研究，还要遵守学术规范，要尊重知识产权，规范引用他人的学术成果，抵制学术不端行为等，这些都是信息素养中的信息道德所涉及的内容，如果从事学术研究缺乏信息道德，轻则可能受到道德谴责，颜面全无，重则可能深陷囹圄招来牢狱之灾。在信息时代，论文检测系统的出现，有效遏制了这种现象，但学术不端事件仍时有发生。

综上所述，不同层次的社会成员有不同的信息素养要求，社会大众为了适应社会生活可能只需要低配置的信息素养，而创新者就需要更高配置的信息素养，信息素养是信息时代每个社会成员都必须具备的素质，是信息社会的标配素质。

第3节　信息素养蜕变

1974年，美国信息产业协会主席泽可斯基（Paul Zurkowski）创造性提出"信息素养"（information literacy）概念后，图书馆学、情报学界展开了对信息素养的研究。近年来，随着计算机和通信技术的迅猛发展，出现了媒介、多媒体素养、媒介与信息素养、信息通晓、视觉素养、数字、数据素养等相似概念，弱化和混淆了信息素养概念。对此，美国纽约州立大学的麦基和雅各布森提出了元素养的概念，排除了信息素养的干扰因素，重新确立了信息素养的定位。事实上，源于文献检索能力、查阅资料能力的信息素养随着信息社会的到来，被赋予更多的内容，其内涵在变化中不断拓展与延伸，评价标准也发生深刻的变化，其在各种素养中的定位也被重新核准。

1. 从文献检索能力到信息素养

1.1 信息素养与文献检索能力

保罗·泽可斯基（Paul Zurkowski）将信息素养解释为："利用大量的信息工具及主要信息源，使问题得到解决的技术和技能。"在信息素养这个概念提出之前，文献检索能力或查阅资料能力一直作为科研工作者的基本素质存在着，描述的是科研工作者利用检索工具获取文献资料的能力。

从文献检索能力提升到信息素养是一种质的飞跃，意味着从单一的能力升华为一种素质，体现了从低效的手工检索变为高效计算机检索的过程，本质上反映了工业时代向信息化时代转变中对人的素质要求。为了更好地理解信息素养与文献检索能力，下面比较分析最早信息素养概念与文献检索能力的区别。（见表2-1）

表2-1 信息素养与文献检索能力的区别

	信息素养	文献检索能力
概念	利用各种信息工具及信息源，寻找、评价和利用信息使问题得到解决的技术和技能	利用检索工具获取文献资料的能力
使用的工具	数据库、印刷型手工工具等各种工具	印刷型手工工具
主要能力	信息获取能力、信息评价能力、信息利用能力	文献获取
信息取得的难易程度	相对容易	相对难
信息源情况	相对多	相对少
解决的问题	各层次问题	相对高难的问题

信息素养概念的提出，与计算机技术和信息数据化技术的发展是密切相关的，数据库的出现是一个分水岭，数据库为人类管理信息提供了有效的工具，进而引发了人们获得信息的环境和手段的变化，但是，人们获取信息的目的并没有变，都是为了解决问题，信息素养在提出之前，只是由于信息源少，信息获得相对困难，在解决相对高难的问题时才用到的一种能力而非一种素质。因此，信息素养源于文献检索能力，是对文献检索能力的提升，并将文献检索能力纳入信息素养一个组成部分。

1.2 信息素养概念及内涵演变

信息素养这个概念从1974年首次提出至今已有40余年，我国从1989年引入这个概念，至今也已近30年，在这期间，图书馆情报界对其开展了广泛研究，其概念与内涵也随着时代的变迁而演化，形成相应的标准。

1.2.1 信息素养定义

20世纪70年代，泽可斯基提出信息素养概念时，主要是对什么样的人才是具有信息素养的人和具有信息素养的人应具备什么样的技能和技术两个问题进行回答。计算机技术普及之前，即20世纪80年代前，信息素养概念多局限于知道信息资源在哪里、掌握信息、运用信息解决问题几个方面，对于处理信息所需要的实际技巧和基本知识未涉及。

1982年，Forest Horton提出，信息素养是超脱计算机素养的，能够提升人们对知识爆炸的认知程度，并帮助人们在解决问题、做出决策时接近并获得文献、文件或数据。William Demo于1986年提出，为了掌握计算机、有线电视、卫星通信、机器人等新技术，需要全新的知识和技能，这种知识和技能就是信息素养。

1989年美国图书馆协会下设的信息素养总统委员会将信息素养定义为：要成为一个有信息素养的人，就必须明确何时需要信息，并且能够有效查询、评价和使用所需要的信息。道尔（Doyle，1992）在《信息素养全美论坛的终结报告》指出，对于一个有信息素养的人而言，进行合理决策的基础是能够认识到完整并且精确的信息。他能够确定信息需求、形成问题、确定信息源及制定有效的检索方案，并且能够在众多的信息源中获取、评价、组织信息从而应用于实际、融入新的信息和原来的知识体系，以及在批判性的思考和解决问题的过程中使用信息。

国内最早对信息素养进行研究的学者是华东师范大学的王吉庆教授，他认为，信息素养是一种能力和修养，涵盖了信息获取、信息利用及信息开发等方面。李益教授认为信息素养包括两方面：一是个体在进行信息活动时所采取的态度，二是个体获取、分析、加工、评价、创新及传播所获取信息的能力。霸桂芳从历史的角度认为：首先，信息素养是人们的一种基本素养；其次，它不是新的素质，而是传统个体基本素养的延续和拓展；最后，认为有信息素养的人应具备各种信息处理技能，独立自学及终身学习的能力，对获取的各种信息进行处理、评估并以此为依据做出决策的能力。

综上所述，不同时期的学者从不同角度定义了信息素养，主要涉及对信息的态度、处理能力和应用信息的能力等方面，它是一个多元化、综合性的概念。然而，随着时间的推移和技术的发展，信息素养概念受到冲击和混淆，信息素养的地位岌岌可危。

1.2.2 信息素养的内涵

信息素养概念一经提出，国内外以图书馆界为主的学者就对其内涵展开了研究。早期的信息素养更多呈现图书馆应用素养形态，其内涵以利用手工工具的文献检索能力为核心；随着计算机信息技术的崛起，中期的信息素养主要表现为计算机应用素养形态，信息素养的内涵被扩充，开始强调计算机信息检索技能（信息检索、获取等信息处理能力）、对检索的信息进行评价，重视人对信息的态度和意识；到后期，随着网络技术的发展和信息环境的变化，信息素养更多展现为媒体应用素养形态，其内涵侧重关注信息活动中人的社交属性（如信息交流、信息传播的能力），强调人在利用信息过程中的批判性思维及评价能力，并把信息素养视为终身学习的必然要求。开展信息素养内涵的研究是对信息素养概念的进一步延伸和细化，有助于人们对信息素养的更深层次的认识和信息素养教育目标的明确。

梳理国内外有关信息素养内涵的研究文献，无一例外是从时代特征对人的基本要求出发的，综合社会、信息技术、创新、自主学习能力的变化等因素，不断赋予信息素养新的内涵，下面罗列部分较典型的有关信息素养内涵的观点。

麦克卢尔于1994年提出，信息素养包括四个层面：传统素养（具备读、写、计算等基本文化素质）；媒介素养（对包括图书馆信息资源在内的各种信息媒体的认识）；计算机素养（了解计算机基本文化，掌握其基本应用）；网络素养（即对当代信息环境的核心——互联网的认识和掌握）。

我国有关信息素养内涵的研究多是国外信息素养概念的延伸，研究比较晚，王吉庆（1999）认为，信息素养涵盖信息意识与情感、信息道德伦理、信息常识及信息能力等多方面内容，并主张把信息素养从低到高分为公民信息素养、应用信息素养和开发设计信息素养3个层次；钟志贤教授（2001）从创新能力培养的视角出发，将信息素养内涵归纳为运用信息工具的能力、获取信息的能力、处理信息的能力、生成信息的能力、创造信息的能力、发挥信息效益的能力、信息协作的能力、信息免疫的能力8个方面；孙平、曾晓牧（2005）从认知角度指出，信息素养内涵包括信息智慧、道德、意识、觉悟、观念、潜能、心理等多个方面。国内普遍接受的观点是吕庆阳和刘孝文（2007）提出的，信息素养是信息社会基本信息水准的测量尺度，包含信息意识、信息知识、信息能力、信息道德等。

2. 信息素养华丽蜕变为元素养

2011年1月，美国信息素养领域专家雅各布森和麦基在《大学与研究图书馆》杂志发表了题为《将信息素养重构为一种元素养》的论文，拉开了信息素养向元素养转变的序幕，并在其后的发展中确立了信息素养的新定位——元素养。

2.1 元素养的涵义

元素养，可以理解为"催生其他素养的素养"，更通俗点可以简单地认为是一种富有"繁衍"能力的"母素养"，是根本的、自我参照的一种综合框架。

2.1.1 以信息素养为核心的元素养

具体来说，元素养是一种在不断变化的信息环境基础上，整合不同领域的与信息相关的素养，如数字素养、媒介素养、信息通信技术素养、信息通晓等，并与新一代信息技术应用相结合的素养框架，这样的框架囊括了过去、现在和将来可能由于信息环境变化产生的新的信息相关的素养。将信息素养重构成元素养，奠定了信息素养作为人的基本素养在信息活动中不可撼动的地位。

信息素养作为元素养的核心，重点关注的是个体对信息的利用、理解、批判性思维和评估能力，涵盖7项基本能力：一是对信息格式类型和传播模式的理解；二是以信息研究者身份参与评估用户反馈；三是创造用户生成信息的语境；四是批判性地评估动态信息内容；五是利用多种媒体格式生成原创内容；六是理解个人隐私、信息伦理和知识产权等问题；七是在参与式环境中分享信息。这一系列的能力强调信息主体应具备在网络空间中作为信息生产者、消费者和协同者的灵活转换的能力，并始终要对各种新信息技术及其内容保持批判性思维。

2.1.2 元素养概念模型

元素养概念模型以"元认知"为基础，以信息素养为核心（如图2-1所示），从图中可以看出以信息素养为核心的元素养是一切相关素质形成的基础和源泉，通过培养信息主体的信息检索、获取、理解、评估等素养，就可以拓展信息主体利用信息资源、网络平台、移动终端、社交媒体的能力，并且在这个过程中整合各类信息并开展批判性反思，既成为信息的生产者，又是信息的消费者，学会信息共享，培养协同合作的能力。

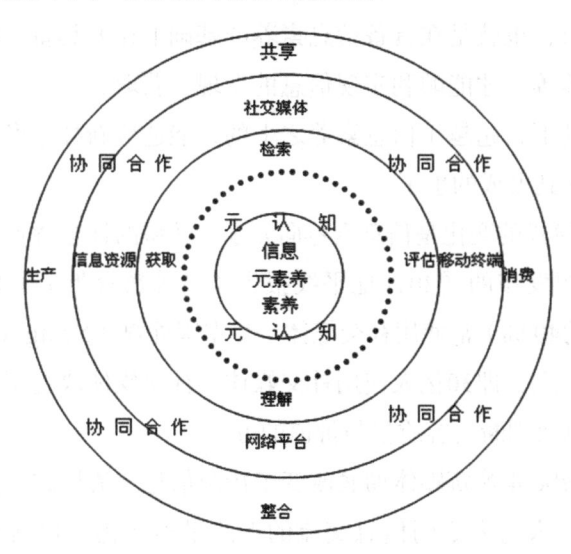

图2-1 元素养概念模型

以信息素养为核心的元素养的提出，一方面，刷新了信息素养的内涵，在保留了原信息素养的合理内核基础上，引入包含批判性思维和反思在内的元认知、信息共享、交互协同等新元素；另一方面，拓宽了信息素养的范畴，开启了信息素养的新远景。

2.2 元素养提出的背景

随着信息环境的不断改变，信息消费和生产的模式发生深刻变化，引发人们对自身信息素养的适应性进行反思，元素养作为下一代信息素养的代名词被提出，具有鲜明的时代背景。

2.2.1 新一代ICT是推动信息素养升级为元素养的技术背景

新一代ICT（信息与通信技术）的发展，出现了以六度分隔、ajax（异步JavaScript和XML技术）等新理论、新技术为基础形成的用户集体智慧主导的新一代互联网模式Web2.0（第二代互联网），facebook（脸谱网）、博客、微博、微信等新媒体应运而生，确立了由用户主导的内容生产，强调在交互协同情况下生产和分享信息，Web2.0社交媒体已经发展为不可忽视的信息源，相对于传统媒体而言，新媒体有参与性、交互性及开放性强等特点，在这种自媒体环境下，人们不仅在消费信息，同时也在不断生产信息，每一个平台的使用者既是信息的消费者，也是信息的生产者，技术的悄然变化对社会成员提出了更多的素质要求，也就是在具备信息素养的基础上还要具备一些其他相关的素养，如媒体素养等，才能顺利实现信息的发现、获取、评价、共享、利用与创造，在技术推动下，超越于信息素养之上的，能适应新技术发展的元素养概念的提出也就是水到渠成的事了。

2.2.2 交流模式的变化是信息素养向元素养转型的社会背景

新媒体联盟发布的《2014地平线报告（高等教育版）》指出，有27亿人（近地球人口的40%）常使用社交媒体，另据国外媒体Nextgov报道，2017年，全世界近一半的人，即30亿人使用社交媒体。社交媒体改变了人们交流、表达思想、呈现信息及判断内容质量与价值的方式。

微信、Facebook等新媒体彻底改变了传统信息交流模式，这其中包括且不限于以下特点：人与人之间信息交流的形式呈多样化（包括文本、图像、音频、视频等类型）趋势；交流模式从单项静态向多向实时转变；信息的同步交互使得实时交流（即时信息、视频会议）成为现实；人人都可以从新媒体获取信息，也可以成为信息发布者。

新媒体这种开放交互的特性，凸显了用户的主体性、用户被赋予话语权，用户主动参与内容建设并与其他贡献者形成反馈及互动，在交互协同情况下生产、传播和分享信息兼具信息消费和生产两种行为。因此，在新媒体社交模式下由用户主导的信息生产及消费模式已然确立，突破时空限制构建新型社会人际网络已是事实。面对这样的社交环境，社会成员在信息社会究竟应当具备哪些素养，并搞清楚这些素养之间的关系就显得十分必要，因为只有厘清这些问题，社会成员才能明确到底应该怎么做，从而更好地适应社会信息交流方式变化的需要。要搞明白这些关系，就要准确定位信息素养，元素养的提出正是顺应这种变化的必然结果。

2.2.3 新的素养概念的层出不穷是促进信息素养向元素养转变的竞争背景

面对信息技术的发展和信息环境的变化，对于人们应该具有哪些素养来应对日新月异的变化一直都是图书馆学、计算机科学和传播学等多个领域共同关注的研究焦点，各学科学者从不同视角或层面考量在信息社会中人们应该具备的素养。譬如，单单从信息技术角度萌生了媒介素养、数字素养、虚拟素养、视觉素养、移动素养、批判性信息素养等新名词；再如，从理论模型的综合性的素养理论角度涉及的新概念有跨媒介素养、新媒体素养、信息通信技术素养和信息通晓等。这些新词汇无一能包含新信息环境对人的素养的全面要求，所提出的素养提升方案导致人的能力缺失或分割，并且这些概念或多或少与信息素养都有相似重合之处，为信息素养概念带来困扰和竞争，混淆或淡化其内涵和外延，以致在使用这些新概念和信息素养概念时造成混乱。正如Carbo指出，与其继续关注形形色色的素养模式，不如创建一个更宏大和更具包容性的框架来整合层出不穷的新素养概念，以适应当今的信息社会，而元素养正是这种满足多元化的素养需求的整合性素养模式的最佳方案。

2.2.4 以信息素养为核心的元素养概念的构建倒逼信息素养教育改革

信息技术带来的海量信息及信息获取的便捷性，打破了传统的信息不对称的壁垒，以信息获取为主要教学内容的信息素养教育面临严峻挑战，倒逼信息素养教育改革，以信息素养为核心的元素养极大拓宽了信息素养的范畴，为信息素养教育注入新的活力，指明了改革的方向。

3. 如何理解元素养？

元素养是近年由美国引入的一个"舶来品"，对于这个概念的理解，笔者认为，首先，要理顺信息素养与其他素养的关系，其次，要摆正信息素养的位置，最后，要搞清楚元素养与信息素养的关系。

3.1 信息素养与其他素养的关系辨析

随着高新技术的迅速发展，社会信息化趋势日益显著，人们每天都会接触到来自各种不同媒体的形式多样的信息，传媒对受众的覆盖和影响也越来越大，在信息时代，数字化信息急剧膨胀，海量信息混杂，面对这样的现实，现代人不仅要具备传统媒体下的读、写能力，还要有解读来自报刊、广播、电影、电视、网络等各种媒体信息的能力，在这种社会环境下，各学科专家学者意识到传统的素养描述词汇无法表达新媒体下人们应该具备的素养，便有了前文提到的从不侧面表达这些素养的概念。笔者简单将这些素养归为两类，一类是对网络所传递的数据的处理能力相关的数据素养，包括数据、数字、虚拟（网络）、视觉、移动素养，批判性信息素养，信息通信技术素养和信息通晓等；另一类是与媒体技术应用有关的媒体素养，包括媒介素养、跨媒介素养、新媒体素养等。

当我们谈到信息素养时，总会提到处理数据、媒体信息的能力，即与媒体和数据相关的素养。当我们提及媒体素养和数据素养相关的素养时，又常常会联系到信息素养，由此可见，信息素养与其他素养之间有着千丝万缕的关系，对信息素养进行重新定位，厘清信息素养与其他素养之间关系，有助于我们理解元素养。

3.1.1 信息素养与数据处理相关素养辨析

与数据处理相关的素养，主要指人们处理各类数据所需要的素养，下面选择数据素养、数字素养、信息通晓和视觉素养辨析它们与信息素养之间的关系。

3.1.1.1 数据素养与信息素养

数据素养又称"数据信息素养" "科学数据素养" 或"科研数据素

养"，是从科研数据管理视角和数据利用视角关注科研数据生产、组织和存储及利用与再利用，一般包括数据意识、数据利用能力和数据伦理3个方面的内容。

数据素养和信息素养是相互联系又相互区别的两个概念，二者不同之处在于：一是关注侧重点迥异，信息素养以信息为对象，重在信息检索、获取及利用，数据素养则以数据为对象，重在数据的生产、保存与管理等技术性更强的方面；二是二者的评测角度不同，信息素养以用户检索、利用信息的过程及用户反馈等为评价体系，数据素养则对数据的准确性、是否得到妥善处理、能否长期保存等更为注重。信息素养与数据素养的联系主要是对象的概念范畴的差异，"数据"是"信息"的特殊存在，即数据是信息的子概念，数据素养是大数据环境下对个体信息素养提出的新的要求，它从本质上讲是"信息素养"的子集，在以"信息素养"为核心的元素养框架中，在大数据环境下，数据素养无疑是构成信息素养的核心组成内容。

3.1.1.2 数字素养与信息素养

数字素养有着不同的定义，格里斯特（Gilster）（1998）在《数字素养》中提出，数字素养是检索网络化的计算机资源，并加以应用的能力，强调对在网络上发现的信息作出明智判断是数字素养的核心能力；卡瓦赖尔（Jones Kavalier）等人认为，数字素养包括阅读和理解各种格式媒体，能用数字化技术处理数据和图象及评价和利用数字化新知识的能力；以色列艾希特-阿尔卡莱（Yoram Eshet-Alkalai）提出了包括信息素养在内及图片、图像素养，再创造素养，分支素养，社会情感素养的五维数字素养概念框架；另外还有人将数字素养定义为能有效和辩证地使用各种数字技术进行信息导航、评价和创造的能力。

纵观这些定义，数字素养是在数字化背景下，社会个体应当具备的素养，在能力要求方面仍未摆脱诸如检索、利用信息、评价信息所需要的辩证思考等包含于信息素养的内容，很显然数字素养离不开信息素养的支撑。

3.1.1.3 信息通晓与信息素养

"信息通晓"最早是于1993年提出的，用于描述个人在信息社会中利用计算机及其他信息技术解决信息问题的能力水平。

后来，将信息通晓的能力归结为信息素养、技术素养、思维素养、表达素养四个方面，信息通晓以信息素养为基础，是信息素养发展的高级阶段，是以信息素养为核心的元素养派生出来的概念，与信息素养差别不大，只是更强调网络环境。

3.1.1.4 视觉素养与信息素养

视觉素养指的是一组能使人有效发现、理解、评价、使用和创造图像和视觉媒体的能力。从定义不难发现，视觉素养关注于图像信息的理解与应用能力，随着信息技术的发展，人类社会进入了读图的多媒体时代，社会成员既是视觉媒体的接受者，也是创造者，利用图像表达和创造信息日渐成为人们日常的信息交流方式。具备信息的获取、评价、使用和表达等信息素养是支持社会个体对视觉信息的获取、使用、表达和创造的视觉素养的强有力保证。

3.1.2 信息素养与媒体相关的素养的辨析

媒体素养（media literacy）是社会个体认识、评判、运用传媒的态度与能力，是指每个人在面对传媒复杂多样的信息时应该具备的包括选择、理解、质疑、评估、创造、制造、思辨性反应等的一系列能力，媒介素养、跨媒介素养、新媒体素养等均属于此类素养。

此类与媒体相关的素养是由信息素养衍生而来的，都是对信息处理及利用的能力，换言之，信息素养是这些素养的根。

3.1.3 信息素养与其他素养的辩证关系

前面从数据和媒体两类相关素养的新概念与信息素养概念进行了辨析，从对这些相关的其他素养的概念剖析中无一例外都能看到信息素养的影子，信息素养是这些素养的基础和源泉，而其他相关素养因侧重点或关注点不同，从不同角度弥补了信息素养的不足，是对信息素养概念的拓展、延伸或细化。

3.1.3.1 信息素养是其他素养的基础和源泉，是一种元素养

无论是数据素养还是媒体素养等层出不穷的"新生素养"概念，无疑都是新一代计算机与通信技术对人们提出的新的素质要求，它们中的大多都涉及各类信息工具的使用，如利用相关的软件生产、收集、管理及分析信息，或对各式信息（如数据、媒体）的选择、理解、质疑及制作的能力，这其中有很多内容是与信息素养一脉相承的，都是通过获取和利用各类信息来解决问题的过

程，如信息素养所要求的进行信息检索、获取、评价、吸收、利用的能力，以及人在评价信息时应当具备的辩证思维的能力等仍然是"新生素养"概念最基本、最核心的内容，也许将来人们还会提出更多与信息相关的素养新概念，但这些主要内容都将是概念成立的重要因素。因此，信息素养是数据、媒体素养等相关素养的基础，是相关素养形成的源泉，可见信息素养是催生其他素养的素养，即信息素养是数据、媒体素养等相关素养的元素养。

3.1.3.2 其他素养是新一代信息素养概念的拓展与延伸

信息素养的提出受技术及社会环境的限制，传统的信息素养所面对的信息源匮乏，信息类型单一，信息处理手段和技术相对简单，不可能预见到信息社会对人们处理信息能力的要求。随着技术的发展，各种与信息处理能力相关的各类素养应运而生，与新的相关素养概念最大的差别就在于对信息的处理。传统的信息素养主要是单方面利用信息，而新的相关素养概念对信息的处理是双向的、交互的，既包括信息的检索、获取、分析与利用，又包括生产、制作、分享甚至创造信息。无须置疑，每一种与信息相关的其他素养概念的提出都有其存在的必然性，这些概念从不同的角度描述人们在利用各种格式信息（文本、数据、图像、声音及多媒体等）、不同载体信息（如手机、电脑、网络）及信息交流等过程中应具备的能力，如视觉素养，是对视觉信息的获取、评价、吸收、利用，可见，新的与数据或媒体相关的素养概念是从不同侧面或角度对传统信息素养概念内涵的最佳延伸与表达。

3.2 元素养可视为信息素养3.0

如前文所述，传统信息素养概念受制于技术和社会环境，其内涵无法囊括由于技术和环境变化衍生的对人们处理信息的各种素养要求，但是，信息素养与数据或媒体素养等所针对的都是信息，只是因为技术的发展引发信息存贮载体、信息存在形态及信息流动模式发生了深刻的变化，从而造成人们在收集、管理、分析、分享信息时有了新的能力需求。尤其是在传统信息素养时代，信息的制作一般都是由专门机构和专业人才来完成。例如，电视由电视台制作，数据库由数据库商来完成。然而，在网络和新媒体时代，人人都能制作视频，人人都能发布信息。因此，在信息社会里对人的信息素养有了新的标准，元素养概念的出现能更好地诠释和囊括信息时代每个社会个体应该具备的信息素养，它是对信息素养内涵的补充和地位的提升，是信息素养的升级版。假设我们把信息素养概念提出之前的文献检索视为信息素养1.0，从信息素养概念提出至元素养概念提出的时代视为信息素养2.0，那么元素养应该是信息素养3.0时代。

3.3 元素养与信息素养的关系

在信息社会，信息素养随着信息技术的应用不断被赋予新的内涵，成为人们有效参与社会活动的必备能力。面对ICT不断创新的浪潮，尤其是扑面而来的网络社交媒体的普及，是对信息素养进行类似"更新漏洞补丁"那样追加新内容，还是整合多种素养模型形成新的信息素养框架，成为推动信息素养及其教育理论发展的关键所在。很显然，人们选择了第二种方案，提出了以信息素养为核心的元素养概念，正在逐步形成元素养理论，并有望成为下一代信息素养的标准。

3.3.1 元素养是信息素养发展的里程碑，确立了信息素养的地位

如前所述，由于ICT的快速发展和各种新媒体的出现，人们根据时代的发展提出诸如视觉素养、新媒体素养、数字数据素养、信息通晓等名目繁多的与信息相关的素养词汇，分别从不同的角度描述新技术对现代社会人们素质能力的要求，但信息素养中蕴含的信息评估辩证思维能力，信息获取、吸收、利用等能力是构成其他素养概念的最基本的内容，是支撑这些新概念素养成立和发展的重要元素。因此，我们可以将信息素养看成是其他相关素养的母素养或者说其他相关素养都是由信息素养繁衍而来的，都携带有信息素养的基因，又各自有自己的独特之处，应验了一句俗语，"一母生九子，九子各不同"。从这个切入点，通过对传统信息素养概念内容不断进行类似"更新漏洞补丁"的操作似乎不能有说服力地表达信息素养的地位与作用，提出一个改头换面的概念"元素养"并赋予其"催生其他素养的素养"的统帅内涵，便能生动地表达出"新（下）一代信息素养（抑或信息素养3.0）"的完美形象，确保信息素养在各种新的其他相关素养概念中的稳固地位。

综上所述，元素养概念的产生，成为信息素养的"新标杆"，为信息素养内涵的拓展提供了无限的发展空间，是信息素养概念发展又一新的里程碑。

3.3.2 元素养再造了信息素养，推动信息素养理论跨越式发展

元素养的提出正如信息素养概念的出现，都是基于一定的社会和技术背景的，元素养是信息素养的升级版，是对信息素养的延伸与再构。

首先，元素养以信息素养为核心有效整合各种素养概念，注入新思维。其一，元素养是对信息素养概念的发展，将包括信息素养在内的各种素养理论整合成一个综合性框架，并把信息素养作为核心，升华了信息素养在信息社会中的位置；其二，在传统信息素养内涵体系中，纳入信息主体在面对社交媒体复杂情景中所必需的批判性思维，发挥信息主体的主观能动性，反映出"以人为本"的价值取向。

其次，元素养在传统信息素养理论体系中注入新内容、形成新思维模式，是升级版的信息素养，即"信息素养3.0"。其一，元素养是基于社交媒体技术特征和新数字时代的信息素养，它重新构建适合在社交媒体或交互在线社区中进行信息获取、评估、组织、交互协同生产、消费与分享所必需的更高端的思维模式；其二，元素养在信息素养理论体系中注入了在社交媒体情境中交互协同生产和分享信息，面向社交媒体、开放学习和交互协同在线社区构建的综合性素养等内容，把信息主体能否在多元化信息参与环境中交互协同生产、创造和分享信息作为能否胜任新的信息情境的衡量标准。

最后，强调动态信息情境中的信息素养，提升信息素养框架的适应性。传统信息素养标准采取的都是菜单式的技巧指标，层层列举人们应该具备的各种信息技巧或能力，这种类似于分类体系的层垒式指标体系，其最大的缺陷就是无法适应现实的发展，提供的解决方案与现实脱节，适应性差。元素养从情感、行为、认知和元认知4个领域为信息素养的6个子框架给出了指导性内容，而非具体的技巧，极大提升了信息素养框架的适应性。

总之，元素养创设了新的学术话语，在以信息素养为核心的基础上保留并整合各种素养理论的合理内核，引入批判性思维、交互协同生产、消费与分享信息等新内容、新思维，提升了信息素养框架的适应性和格调，推动信息素养从技术性、实用性的方法到具有科学性、知识性的理论体系的转变，促进信息素养理论的跨越式发展。

3.3.3 信息素养构成元素养理论的内核

信息素养是一个不断发展的概念，需要不断对其进行重新认识，基于元素养理论生成的美国《高等教育信息素养框架》，将信息素养新定义为，信息素养是综合能力，涵盖有目的地发现信息，理解信息是如何产生和评价的，在创造新知识和合理地参与社区学习中使用信息。这一新定义与以往的定义相比变化较大，因为它关注到了近年来高等教育中所发生的诸如远程教育、开放教育、学生与教师协作进行课题研究等新变化，也关注到了媒介素养、数字素养等概念基于当前信息生态系统对学生素养提出的新要求，扩大了信息素养的外延，更新了从概念上对信息素养的认识。元素养理论中信息素养这一新的定义，对信息素养的基本要素有所保留，并在此基础上扩展了对信息的创新性利用所应具备的批判性思维和交互协同的能力，其未来势必在捍卫信息素养各要素的同时，引领下一代信息素养标准的产生。此外，元素养整合了包括信息素养在内的各类与信息相关的素养，即信息素养和其他素养都是元素养的组成成分，前文我们分析得出信息素养是其他素养的母素养，所以信息素养是构成元素养的基石，离开了信息素养这个内核，元素养就成了"空中楼阁"。

第3章　创新——一个永恒的主题

创新是一个亘古不变的话题，但从没有像现在这样，被如此重视，被赋予了越来越多的内容，当下被誉为"创新时代"，吉福德·平肖认为："创新时代实际上是信息时代的天然的伴随物。"信息时代的重点不在于掌握新的信息，也不在于信息创造、贮存、获取，而在于利用新的信息去做新的事情，即创新。

第1节　新一代ICT催生创新2.0

创新，是当今世界使用频率最高的一个词，特别是在新一代ICT环境下，人类已经进入一个密集的创新时代。新一代ICT催生了以用户创新、开放创新、大众创新、协同创新为特点的创新2.0，创新2.0又反过来重塑了物联网、云计算、社会计算、大数据等新一代ICT的新形态，"互联网+""AI+"等就是新一代ICT与创新2.0激荡的产物，ICT与创新2.0交织重构了新的生产、工作、学习、生活方式，引领着我们的国家迈向创新驱动发展的"新常态"。

1. 创新的力量

有资料统计显示，近百年来创新促进生产力发展的速度和成果，超过了人类之前历史的总和，在全球经济一体化、信息化的背景下，包括新知识、新行业、新技术等在内的新事物滚滚而来，人类的思维、生活和工作方式也随之发生了变化，无论是个人，还是一个团体，在这个充满变化、日新月异的社会中都将面临生存的考验。在这个世界上没有永恒的事物，任何事都有可能发生，但前提是你必须去创新。

1.1 世界在变，创新不变

1.1.1 创新推动世界变化

人类历经原始社会、奴隶社会、封建社会、资本主义社会和社会主义社会，创造了辉煌的人类文明，人类的生存、活动空间极速拓展，尤其是自文艺复兴时期近代科学技术兴起的几百年，人类在各个学科领域取得巨大的成就，人类科技研究涉足网络通信、基因工程、人工智能、太空探测等自然科学领域，并引领人类在哲学、经济学、管理学等哲学、社会科学领域展开研究，值得一提的是，近几十年，互联网技术的广泛应用，促进了人类社会发展走向全球化，构建人类命运共同体、与自然和谐共生等新理念、新观点不断产生和发展。

那么，世界因谁而变？又是什么改变了世界？换言之，是什么力量推动人类社会从原始到现代、从低级到高级、从简单到复杂的演化？是创新。为了沟通，人类创造了语言；为了传递信息，人类发明了文字；为了比走更快，人类利用马匹制作马车；马车不够快，人类发明了汽车、火车；为了更快，人类又发明了动车、飞机等。一次次的创新，累加起来促进了人类文明的跨越式发展。

1.1.2 永恒不变的创新

俗话说："唯一不变的就是永远在变。"在"永远在变"的世界中，无论个人、团体组织还是一个国家的"成长之道"其实只有一个——求变，即创新。唯有持续不断地创新才能与时俱进、与世俱进。创新是一种永恒，它不仅是一个永恒的话题，更是一种永恒的追求。纵观人类科技史，人类在其他层面的演化过程中，无时无刻不在创新，创新像呼吸一样，不知不觉改变着世界，真可谓"世界在变，创新不变"。

1.2 要么创新，要么死亡

美国最负盛名的管理大师彼得斯（Thomas Peters）说："要么创新，要么灭亡。"创新成了这个信息时代最重要的课题，并融入了社会发展的方方面面。

2012年1月19日柯达向纽约州南部地方法院提交破产保护文件，正式申请破产。1975年世界第一台数码相机在柯达实验室诞生的时候，柯达没有预料到，正是这台机器，促使一个拥有一百多年历史的胶卷业巨头和与摄影艺术共同成长起来的影像器材帝国的轰然倒塌。是什么导致柯达破产？最主要原因是柯达在数字影像大发展时期，贪恋胶片工业，没有致力于创新，开发的数码相机技术十分单一，最终成为"时代弃儿"。

在现实中，每天都有新的公司企业崛起，每天也都有公司企业像柯达一样关门倒闭，特别是在互联网+时代，越来越多的置身于传统行业的企业受到互联网的冲击，没有及时调整策略、进行创新性的转型，以致被淘汰出局。例如，传统零售业受到来自淘宝、京东等网络购物平台的冲击，像苏宁这样的传统家电零售企业不得不努力打造网购系统；微信横空出世，毁灭性地压缩了传统通信中国电信、中国移动、中国联通等公司的盈利空间；各类新闻客户端App正在快速取代报纸、杂志；更可怕的是，原本强大的电视台不得不面临越来越多的年轻人选择智能手机、平板电脑来看电影、电视剧，只剩大批老年观众每天准时打开电视机收看节目的局面。面对互联网带来的挑战，传统行业自觉或不自觉地纷纷转型，开展业务流程的再造，传统行业深刻意识到不变就将带来失败，应验了管理大师彼得斯所说："要么创新，要么灭亡。"

2. 说文解字话"创新"

2.1 创新溯源

创新，顾名思义，就是创造新的事物。在中国，"创新"很早就有记载，如《魏书》有"革弊创新"、《周书》中有"创新改旧"等。清末的康有为较早地在现代意义上使用"创新"一词，他在《大同书》第11章《讲智》中指出："创新理者为圣哲，创新术者为惠巧。"其蕴含了理论创新、技术创新和知识创新的含义，这与现代的创新思想很接近了。改革开放后，创新在我国引起前所未有的重视，邓小平同志敏锐地捕捉到世界发展潮流，是他最先提出自主创新，1984年他视察上海宝钢时就明确提出："掌握新技术，要善于学习，更要善于创新。"在1995年5月召开的全国科学技术大会上，江泽民总书记提出："创新是一个民族进步的灵魂，是一个国家兴旺发达的不竭动力。"创新被提到国家发展的战略高度。

2.2 创新释义

对于"创新"的含义，我们不妨从两个角度去认识，一个是从汉字结构的角度去直观理解，另一个就是从学术的角度揭示其内涵。

2.1.1 从"创新"字体结构析意

汉字象、数、形、声、义兼该，充满了大写意与大智慧，每一字体，每一笔画，都折射出中华文明的根本，反映了东方思维的内涵。为了更好地理解"创新"，不妨从这两个字的字面结构上来分析，一个带刀（刂），一个带斧（斤），可见创新必须大刀阔斧；"仓"，暗示着创新首先要有一个仓库进行知识储备和道德修养；"亲"，仿佛提醒我们进行创新时莫忘了亲近对象、真情投入。因此，从字面上我们可把"创新"理解为，在丰富的积累上以热情真挚的情感投入，大刀阔斧地改革旧制开创新世界。

2.1.2 创新内涵

"创新"隶属历史范畴的概念，其思想内涵发展经历了漫长的历史演变过程，在不同社会发展阶段，创新的内容、形式、作用各具特色，其内涵被不同学者从不同视角、不同学科赋予不同的内容。

国际上，"创新"概念由奥地利美籍经济学家熊彼特（Joseph Alosis Schumpeter）在1912年德文版《经济发展理论》中首次使用了创新（innovation）一词，从企业管理角度认为创新是"新的生产函数的建立"，即"企业对生产要素之新的组合"。继熊彼特之后，中外学者对创新的定义进行补充和深化，形成了狭义和广义的创新概念。广义的创新包括研究与开发、产品、工艺、市场、资源、组织、管理、制度、文化等方面的创新集成及由创新而引致的产业和经济系统的演化。狭义的创新大体包括熊彼特所指的产品、工艺、市场、资源供应源及组织管理五种情况的创新。

随着经济的进一步发展，人们对创新的研究逐步深入到理论层面，出现了以下几种具有代表意义的观点。

第一种观点：创新是开发一种新事物的过程，始于发现潜在的需要，历经新事物的技术可行性研究阶段的检验，至广泛运用为止。这个观点主要从企业产品研发的角度去理解创新。

第二种观点：创新是运用知识或相关信息创造和引进某种有用的新事物的

过程。这个观点比较契合本书从信息角度看待创新。

第三种观点：创新是对一个组织或相关环境新变化的接受。

第四种观点：创新是指新事物本身，具体说来，就是指被相关使用部门认定的任何一种新思想、新实践或新制造物。

从哲学视角来说，创新是指人类矛盾再创造的实践行为，打破旧的矛盾关系，形成新的矛盾关系，这是一个认识不断深化的辩证的过程；从认知的角度来说，创新首先发源于对这个世界的认识，更有广度、深度地观察和思考这个世界；从实践的角度来说，创新就是能将这种认识转变为贯穿学习、生活、工作各个细节的一种习惯；从辩证法的角度来说，创新是一个肯定、否定、肯定之否定、否定之肯定的过程，不断地"否定"是创新的基础；从个体发展角度来说，创新是指社会成员为了个体发展的需要，通过利用已有的信息，突破常规，发现或发明某种具有社会或个人价值的新颖、独特的新事物或思想的活动。

清华大学艺术教育中心肖鹰教授阐述"创新"时曾说，"创新"有两层含义，一是指无中生有，创造了新的东西，比如说飞机、大炮这样的发明创造，等同于创造；二是指以旧换新，即所谓"革新"，在已有事物基础上，更新或者制造一个新事物来代替它，比如，早期电话是听筒与话筒分离的，后来有人把二者连在一起，这也是一种创造。所以，创新包含了创造，但创造不可能凭空而起，新的创造一般是建立在原有的事物或其转化的基础上，包含了对原有事物的创新，因而创造中又包含了创新。在这个世界上，一切的创造都要有所本，需要自然和历史的资源，因此没有绝对的创造。

此外，1992年国际经济合作与发展组织把"创新"扩充到包括教育在内的各个领域，教育领域内的"创新"，实质是"创新素质教育"，指通过对学生施以系统的教育和影响，培养受教育者成为善于发现、认识有意义的新知识、新事物、新思想及新方法，掌握创新过程蕴含的基本规律，同时具备相应创新能力的独立个体。

总之，无论是管理学、哲学、艺术层面还是教育学角度，突破是创新的最本质特征，突破旧的思维、打破常规，其核心是"新"，破旧立新是关键。

3. 创新2.0是什么

计算机、信息和通信技术的融合与发展催生了面向信息社会的创新2.0，掀起创客运动浪潮，引发了创客空间和众创空间的兴起与发展，大众创新、协同创新、开放创新等新思维、新理念不断涌现。在创新2.0视角下，新的名词、新的概念不断产生，要全方位理解和把握创新2.0并不是一件容易的事。

创新2.0，简单说就是工业时代的创新1.0的升级版，是信息时代的创新形态，是面向未来社会发展的下一代创新模式。创新2.0是在传统创新内核下的变革，即破旧立新不变，变的是创新的主体、形式、范围等，创新主体由精英创新迈向大众创新，创新范围由技术主导转向社会各层面的创新实践，创新形式上更加注重社会协作和更加广泛、符合用户需求的大众创新实践。创新2.0是借助各种技术手段，搭建知识和创新共享平台，促进社会所有成员都能参与的创新，有别于创新1.0以生产为导向、以技术为出发点，创新2.0提倡以服务为导向、以应用和价值的实现为核心的以人为本的创新模式。

3.1 什么造就了创新2.0

创新2.0是伴随着Web2.0而产生的，Web2.0带来泛在的网络、泛在的计算、泛在的数据、泛在的知识，这4个"泛在"一起推进了无处不在的创新，互联网技术带来的知识流动特性推动了创新民主化，传统意义的实验室边界及创新活动的边界正在消融，人人都是创新者的"创新2.0"时代就此拉开帷幕。

3.1.1 创新1.0与创新2.0

创新2.0是技术进步和社会发展所推动的创新形态的嬗变，它来源于创新1.0，二者在本质上都脱离不了创新概念所囊括的内容，但由于创新环境及各要素的变化，二者之间有显著的差异性，胡彬等人从创新要素角度比较了创新1.0与创新2.0区别。（详见表3-1）

表3-1 创新1.0与创新2.0比较

创新要素	创新1.0	创新2.0
信息、知识的流动形式	技术扩散	知识共享，合作创新
创新主体	生产者	作为用户的社会大众
创新目的	最终产品的商业价值	多环节的价值实现
创新范式	技术创新	应用创新、服务创新、观念价值创新
创新来源	少数科研人员	社会实践
创新条件	实验室等硬件基础设施	互联网、制度等软性基础设施

总的来说，创新1.0是以技术为出发点，以科研人员为主体，以实验室为载体的科技创新；创新2.0是以人为出发点，以人为本，以用户为中心，以社会实践为舞台，以应用为本的创新，是利用各种技术手段让知识和技术等实现共享和扩散，促进社会所有成员都参加的创新，以用户参与创新、开放式创新、大众化创新、协同性创新等为特征，并将随着互联网、移动互联网、物联网、云计算、社会计算、大数据、软件制造、VI（视觉识别系统）技术、云智慧科技等新一代信息技术的发展而不断演进和发展。

3.1.2 创新2.0产生的必然性

创新之所以能突破创新1.0嬗变进入创新2.0，主要得益于新一代ICT的融合与发展为社会创新所提供的使能工具（enable tool）。首先，ICT发展，网络为人们提供便捷的信息、知识共享和传播平台，信息及知识传播打破物理空间的掣肘，最终导致社会组织及其活动边界的"消融"，例如，维基百科是UGC（user generated content，用户原创内容）模式的成功典范，通过构建一个平台，让来自全球各地的不同用户利用自己的业余时间来创建维基百科的内容，让知识、成果传递给更多用户，每个用户借助维基平台既能成为百科内容的编辑，也能分享维基百科提供的知识信息。其次，移动通信尤其是5G移动技术的应用，能够随时随地随需提供快速、低延时的在线与交互式连接，而云计算、大数据、3D打印等为基于开放知识管理的个人制造、群体协作提供了技术支撑，促进知识社会环境下大众参与的协作与共创。再次，ICT的应用从个人通信至个人计算再到个人设计与制造的演化，为社会成员广泛参与创新、施展才华、聚众才智提供了有力的技术工具和信息平台，掀起全球创客浪潮，引领创新由精英走向草根的趋势。最后，随着大数据、云计算、物联网等信息技术交织进化，汇聚了数据开放、知识分享及开源软、硬件等元素的创客空间应运而生，营造聚集不同领域的人们分享知识、共同工作，实现自己想法的平台，使协作更加容易，吸纳更多个体或民主群体参与创新成为可能，完成相关的共享技术、数字治理过程和价值观的再创造。

此外，计算机、信息存储、信息通信等技术的融合和发展，最大限度地消除了信息的不对称性，众多知识封装技术使知识得以构件化和模块化，促使知识便于快速检索、理解和运用，击碎了人为构建的信息、知识共享的壁垒，消融了创新的边界，推动了创新2.0形态的形成。

可以说，创新2.0模式的出现，是新一代ICT发展的必然产物，其实，在创新大潮中，除了泛在的网络，我们还看见泛在的计算、数据和知识，这4个"泛在"联合推进信息社会由数字向智能并进一步向智慧演进，进而造就了无处不在的创新2.0；反过来，创新2.0模式下的新成果反作用于新一代ICT，推动物联网、云计算、社会计算、大数据、人工智能技术等新一代ICT的发展与应用；新一代ICT与创新2.0交织互推，又将进一步促进人类现有生活方式、社会经济、产业模式及合作形态等的颠覆性发展。

3.1.3 创新2.0发展阶段

英特尔中国研究院院长吴甘沙先生在过去十余年的时间里，一直致力于探索创新2.0的道路。他认为，至今，创新2.0经历了开放创新、协同创新和大众创新三个阶段。

第一阶段，开放创新。由于开源软件的发展，开放的社区为包括商业公司在内的很多人提供了知识、技术分享的平台，借助平台，创新主体可以更有效地整合外部的思想，同时又能将自己的技术回馈到社区，易于产生积累的创新，创新过程由封闭转向开放。

第二阶段，协同创新。这是开放创新进一步的延伸，通过突破创新主体之间的壁垒，充分激发彼此间的人才、资金、技术、知识等创新要素的活力而达成深度合作，实现资源优化配置，协同完成创新的过程，"互联网+"其实就是协同创新的范式之一。

第三阶段，大众创新。创客运动实际上是这类创新的标志，汇聚了以3D打印技术等为代表的开源硬件的众创空间，促进创新主体由原来的企业家、科学家向普通大众转换，越来越多的普通人能够参与到创新的过程中来。当然，大众创新并不是所有个体各自独立的创新，而是充分利用众创空间，聚合各类人才，跨越组织边界和学科限制，生成创新组合，提升创新绩效。

3.2 国内外创新2.0模式

2008年在北京大学举行的主题为"知识社会与创新2.0"的第2届中国移动政务研讨会上，北京的"三验"AIP应用创新园区（application innovation park）受到与会各界专家的高度关注，AIP作为我国较早的城域开放众创空间，与Fab Lab（Fabrication Laboratory，微观装配实验室）、Living Lab（智能家居）国际上这两大众创模式一道被誉为面向知识社会的3个典型创新2.0模式。

3.2.1 创客、众创与众创空间

在介绍创新2.0模式之前，先了解创客、众创、众创空间的含义。

3.2.1.1 创客

"创客"源于单词maker，意指出于兴趣或爱好，将各种创意努力转变为现实的人，创客是创新2.0模式在设计制造行业的典型表现，其核心是用户创新。

3.2.1.2 众创

众创，就是大众创新，通过创新服务平台聚集全社会各类创新资源，集众智搞创新，促进每一位具有科学思维和创新能力的社会成员参与创新。

3.2.1.3 众创空间

众创空间，根据国务院办公厅印发的《关于发展众创空间推进大众创新创业的指导意见》中的定义，指在网络及其应用深入发展、知识社会创新2.0背景下的创新创业特点和需求，依据事实市场机制、专业服务及资本化途径构建的低成本、便利化、全要素、开放式的新型创新、创业服务平台的统称，此类平台可以为创新、创业者提供工作、网络、社交和资源共享空间。

3.2.2 国内外众创空间发展情况

经过十多年，国内外众创空间发展已较为成熟。国际上出现了Fab Lab、Living Lab、Hackspace、Tech Shop、Makerspace等众创空间，对人类的创新产生了深刻的影响。国内积极参与众创空间建设以应对知识社会创新2.0，北京

"三验"应用创新园区与Living Lab、Fab Lab被称为3大典型的创新2.0模式,随后北京创客空间、上海新车间、深圳柴火空间、杭州洋葱胶囊等众创空间如雨后春笋般开始涌现。

3.2.2.1 国际典型的创新2.0模式介绍

3.2.2.1.1 Fab Lab

Fab Lab是由美国麻省理工学院比特与原子研究中心发起的一项新颖的实验,是一个几乎可以制造任何产品和工具的小型工厂。首家国际Fab Lab在哥斯达黎加建立,随后挪威、印度、加纳、南非、肯尼亚、冰岛、西班牙和荷兰等国家也陆续建了Fab Lab,并联入了Fab Lab的全球网络。伴随Fab Lab网络的漫延,个人创意、设计、制造逐渐深入人心,掀起了全球创客浪潮。

3.2.2.2. Living Lab

2006年11月欧盟发起了Living Labs网络,其运营模式是通过整合公共领域与私有企业的联系,提供活性架构和组织模式,将各利益相关方有效组合在一起,实现企业、研究人员、政府和市民共同协作,在真实的本地区生活、工作环境下对新服务、企业经营思路、市场和技术进行创新、验证和测试;在技术上依托无线移动网络、计算机等,通过采用新的工具和方法、先进的信息通信技术等手段整合用户、应用环境、技术与基础设施、组织和方法、专家体系等元素构建一个能调动方方面面的"集体的智慧和创造力"服务体系;Living Labs的核心价值是改善或提升研发转移的洞察力,促进新的科技成果转化,为解决社会问题提供机会。

3.2.2.2 国内发展

北京在构建创新2.0模式的开放创新空间方面一直走在前列。早在2006年就启动了"三验"应用创新园区项目,在城市管理领域打造包含"体验、试验、检验"的覆盖全城的"三验"开放众创空间,此外,北京还依托包括国家高新区、自主创新示范区、应用创新园区、科技企业孵化器、高校及科研院所等丰富的科技创新创业资源优势,是我国众创空间发展最快的城市。此外,上海、广州、深圳、杭州、南京、武汉、苏州、成都等创新创业氛围较为活跃的地区,也先后涌现了一大批各具特色的众创空间以顺应创新2.0模式用户创新、大众创新、开放创新、协同创新形势发展。

3.2.2.2.1 AIP

AIP，即北京城市管理"三验"应用创新园区，为国内首个应用创新园区实践，亦是我国开放众创空间建设较早、较成功的探索。园区的核心理念是构建以用户为中心、以需求为引导、以技术为推动、需求与技术充分互动的应用创新平台，贯彻"最终用户参与产品、技术研发、设计过程"的应用创新理念，推动以"三验"为核心的技术应用研发与试点示范活动。所谓的"三验"包括"体验、试验、检验"："体验"是指用户体验，是创新2.0以用户为中心理念的集中体现；"试验"指研发单位与用户共同试验的互动过程；"检验"是指第三方检验，通过对接标准化评估，力求实现创新成果的客观公正评价，为新技术、新应用、新模式等成果的推广应用、科学决策提供参考。AIP运用"三验"机制贯穿需求孵化、需求实现、需求验证全过程，构建将创新中的用户、科研机构等相关大众纳入体系的开放众创空间。

3.2.2.2.2 "柴火"创客空间

深圳的"柴火"创客空间取意于"众人拾柴火焰高"，包含开源硬件、Linux操作系统及嵌入式开发、物联网、绿色能源、城市农场等多个主题，空间除了配备有基本的原型开发、电子开发、机械加工等设备及各种级别的工作坊，还组织创客聚会，为创客营造自由、开放、协作的环境，鼓励跨界交流，推动创意实现产品化。

4. 创新2.0点燃"双创"引擎

李克强总理在2015年《国务院政府工作报告》中4次援引"大众创业、万众创新"（简称"双创"），指出"制定实施创新驱动发展战略纲要和意见，出台推动大众创业、万众创新政策举措"，将"双创"提升至国家经济发展新引擎的战略高度。现今我国蓬勃兴起的"大众创业、万众创新"热潮，以其基础性、大众性、开放性和前瞻性等特征，成为支撑我国未来经济发展的有力而持久的动力，同时也给以创新人才培养为目标的高等教育提出了新命题。

4.1 "大众创业、万众创新"理念的提出

中国国务院总理李克强在2014年夏季达沃斯论坛开幕式发表致辞，指出"只要大力破除对个体和企业创新的种种束缚，形成'人人创新'、'万众创

新'的新局面，中国发展就能再上新水平"。随后在2015年两会政府工作报告中，李克强总理4次提到"大众创业、万众创新"，成为2015年热点事件之一，从此，"大众创业、万众创新"引发公众关注，成为新常态下经济发展的"双引擎"之一。万众创新，就是千千万万个人行动起来，相互合作、集思广益、众志成城、挖掘潜力、充分发挥个体的主体能动性，主动、自主创新，不是单打独斗，而是共进共赢，在合作中人人都有成功出彩的机会。

4.2 创新2.0为"双创"保驾护航

信息与通信技术的融合与发展催生了面向知识社会的创新2.0模式，并进一步推动了创客运动的兴起。创客运动的蓬勃发展推动了创客空间与众创空间的产生，并与中国"互联网+"的浪潮交汇，掀起了"大众创业、万众创新"的热潮。

4.2.1 创新2.0所蕴含的理念为"双创"提供理论支撑

改革开放40余载，在社会生产力的推动下，中国取得举世瞩目的发展，而人民群众作为生产力中的最活跃要素是推进社会发展的根本力量，在新一代ICT作用下产生的"大众创业、万众创新"理念，成为体现人作为生产力系统中最活跃要素，成为促进中国社会生产力再次解放的又一引擎。同时，以互联网为代表的新一代信息技术快速发展，使得今天劳动者、生产资料和劳动对象的结合方式与过去相比有了极大变化，劳动者所对应的生产资料不仅包括土地、工业制造设备等物质生产资料，还有高含金量的信息、知识，进而推动"大众创业、万众创新"成为浩浩荡荡的大规模实践活动力，而这一切与创新2.0所倡导的以用户为中心，以社会实践为舞台，以共同创新、开放创新为特点的创新理念不谋而合。

再者，"大众创业、万众创新"是在国家及各个地方政府层面上运用大数据、云计算和移动互联网等各种技术，营造集众之智、汇众之财、齐众之力的创意、创业、创造及投资的空间，使得无论是没有工作的或奋战在各行各业有工作的、健康或残障人士，只要有想法、有愿望、有能力都可以参与创新，谋求"施其智、获其利、创其富"的生存空间和发展机会，这与创新2.0提倡让所有人都参与创新，利用各种技术手段，让知识、创新共享和扩散的理念也是相契合的。

4.2.2 创新2.0的众创空间为"双创"提供平台支撑

一直以来,创业、创新在中国社会都是极少数人从事的"高不可攀"的伟大事业,对于广大民众而言,沿袭前辈的生活轨迹谋生是一条寻常路,然而,近年来新一代ICT的革命性变化衍生了创新2.0,进而产生了众创空间、创客空间等为创新、创业者服务的平台,众创、众包、众扶、众筹等共享空间模式如雨后春笋般应运而生,使得创新、创业活动表现出显著的小规模、个人化、分散式、渐进性等特征,创业、创新活动逐渐变成社会公众触手可及之事,例如,淘宝网构建了第三方支付电商平台,凭借技术难度小、入门门槛低、启动资金需求量少等优势,在实现自身梦想的同时也帮助千百万普通民众实现创业梦想。

第2节　创新中的信息元素

许多杰出的创新成果似乎都有一定的偶然性,如瓦特看到壶盖被蒸汽顶起而发明了蒸汽机,牛顿被下落的苹果砸了头而发现了万有引力,门捷列夫玩纸牌时想出了元素周期表。其实,他们的灵感之所以能一触即发,是长期专注的结果,以牛顿发现万有引力定律为例,假设缺乏对伽利略和开普勒等先辈的理论研究知识的掌握,缺少对同时代著名学者包括波勒力、虎克、哈雷等的出色工作的关注,脱离当时工业发展所提供的观察仪器和设备,甚至离开当时英国工厂手工业时期的简单工具结合为机器这一经济技术要求的推动,牛顿提出万有引力定律几乎是不可能的,连牛顿自己都发出感慨:"我之所以比别人看得远一些,是因为站在巨人的肩膀上。"看似偶然发生的创新活动,实际上是偶然之中有必然,这种必然就是知识与经验的沉淀过程,是创新的前奏,如果没有沉淀、没有积累,就不可能有持续创新。所以,不仅要注重创新成果,更应研究创新的过程,创新的过程是复杂多变的,其中牵扯诸多因素,本书是关于信息素养教育的,因此着重探讨信息资源在创新过程中如何流动,信息资源之于创新又是怎样的关系及信息素养在创新中的作用。

1. 创新离不开信息

前文从国家、企业或组织、个人三个角度分析了信息是重要资源，那么信息在创新的过程中又扮演什么角色呢？

信息资源与创新之间有着难以言说的密切互动关系。信息资源在创新活动中发挥的作用是显而易见的，例如，科技类信息为技术创新提供理论基础，技术创新的市场需求与环境分析取决于对经济信息的判断，政策信息则为技术创新决策提供了重要依据，人力信息为技术创新带来大量人才贮备，技术创新人员丰富的生活经验则来源于生活信息，创新活动从来都不是孤立的，而是一个被庞大的信息资源围绕的富有生命力的有机系统。反过来，技术创新过程中产生的开发、需求、成果和产业化等信息又不断丰富着信息资源本身。

1.1 创新与信息彼此成就

有学者曾概括创新的本质，叫做"无中生有""有中生无""有无相生"，所谓"生"，就是说世界并非本来如此，并非一直如此，而是生生不息、日新月异；"有中生无"的创新则是从被丢弃、被忽视、被以为"不可能""没必要"的"荒芜"中生出"有"来，另辟蹊径，别开生面，化腐朽为神奇；"无中生有"的前提是"有中生无"，即超越已有的成果，不为权威的结论所束缚，不为流行的观点所湮没，不为眼前的困难而退缩；所以，创新的本质就是"有无相生"。

这段看似拗口且难以理解的话，揭示了信息与创新的关系，把上段话中的三个字"有""无"和"生"用"信息""创新"和"产生"来替代，那么，"无中生有"可表述成"创新产生了信息"；"有中生无"可表述成"信息产生了创新"；"有无相生"则可表达"信息和创新相互产生"；"创新的本质是有无相生"可表述为"创新的本质是信息与创新相互产生"，即创新与信息相生相伴。

笔者以为信息与创新相生相伴有以下两种模式。

1.1.1 直线模式

以信息为基础产生新信息直至生成创新成果，这种模式包括已有显性知识的整合生成新的知识、对已有知识批判性地吸收，加入新设计的模仿，在这个过程中旧信息生成了新信息，新信息生成创新成果，创新成果又形成新信息，新信息随着时间推移又转成旧信息再引发新的创新，这样的过程不断循环。（如图3-1所示）

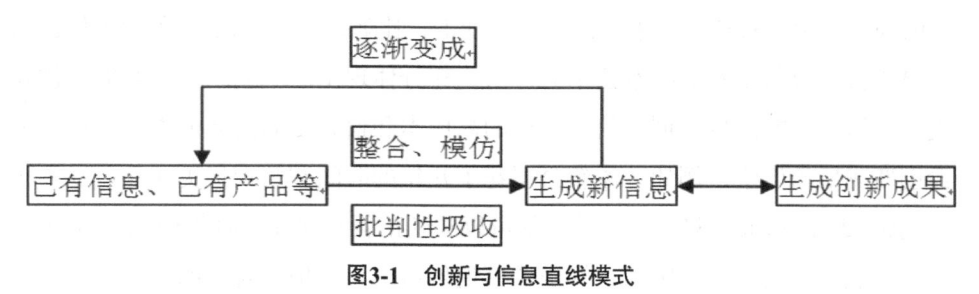

图3-1 创新与信息直线模式

1.1.2 渐进螺旋上升模式

从已有信息（显性知识）开始，产生一级创新成果，一级创新成果成为显性知识，一级创新成果通过不断融入其他显性知识交织产生更高一级的二级创新成果。由于显性知识的逐级加入，创新成果不断升级换代，在这个过程信息与创新不断相互产生。（如图3-2所示）

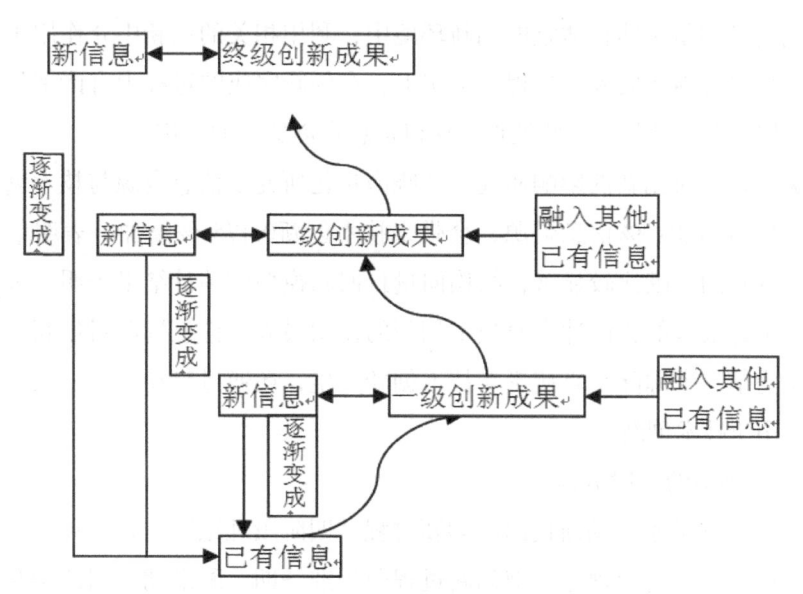

图3-2 创新与信息渐进螺旋上升模式

1.2 创新与信息互相挑战

从历史学的角度，创新与信息彼此成就。如前所述，由于信息的介入产生了新的创新成果，信息成就了创新，创新随着时间的推移变成了信息，充实了信息世界。

从经济学的角度，创新与信息又相互挑战。创新是一柄双刃剑，在成就自身的同时，给已有技术带来的是极大的冲击，比如，手机的出现导致BB机退出历史舞台、数码技术对胶卷技术的冲击，充分体现出新的创新成果对旧的创新成果（信息）的挑战；创新信息生产的高成本和信息复制的低成本致使信息摧毁创新成果的价值，例如，微软公司花了几年的时间和几十亿美元打造的操作系统Windows Vista，只需几百美元就可以买到正版的软件，而花5美元就能买张盗版光盘，此类现象在医药、娱乐及其他价值来源于信息含量的商品领域广泛存在。在每一个领域，产品的构思与开发可能是一个花费数年的昂贵过程，但是，一旦结果被写到一张纸、一台计算机、一盘磁带或是一张CD上成为可传递信息的那一时刻，创新成果就被拉下神坛，可以以很低的成本被第二个人再生产和使用。

1.3 信息贯穿创新全流程

创新是创新主体在适宜的创新环境中，利用相关的创新中介作用于创新客体，最终取得创新成果的过程。事实上，在创新完成的过程中有诸多创新中介参与，如资金、设备等，此处重点探讨信息在创新中的作用。

关于信息对创新的影响研究，兰晓霞量化研究了信息资源与技术创新的关系，得出每增加1％信息资源，会带来技术创新0.475％增加，表明信息资源对技术创新的贡献比较显著；结构向量自回归模型的估计结果表明，来自信息资源一个标准差的正向冲击对技术创新的作用最大，信息资源对创新的影响最大，认为信息资源除了直接影响技术创新产生，还通过带动经费、人员投入，间接作用于技术创新。

1.3.1 创新的一般流程

英国心理学家沃勒斯提出的创新过程"四阶段理论"，是一种影响较大也比较实用的创新过程理论，把创新过程分为准备期、酝酿期、明朗期和验证期四个阶段。朱占峰根据沃勒斯的"四阶段理论"，提出创新的一般步骤包括观察、准备、酝酿、顿悟和验证这五个阶段。

1.3.1.1 观察阶段

观察是创新的第一步，它决定着创新的方向和目标，在一定程度上规定了创新的价值和可行性。观察，首先要考虑社会的需要，再就是要考虑要如何改进人们在工作、生产、生活、学习中所动用的各种器物的性能，克服其缺点、扩展其用途。

1.3.1.2 准备阶段

准备阶段的主要任务是收集和整理资料，做好必要知识和经验的储存及相应的技术、设备和其他有关条件的准备工作。

1.3.1.3 酝酿阶段

酝酿阶段主要是消化吸收准备阶段收集整理的知识，明确关键性问题，提出解决问题的各种假设与方案。

1.3.1.4 顿悟阶段

经过充分酝酿，在长时间的思考后，思维进入"灵光乍现""茅塞顿开"或"豁然开朗"的境地，使问题突然得到解决。

1.3.1.5 验证阶段

验证阶段就是把前面形成的创新成果通过推导或实际操作验证其是否正确、合理和可靠，从而付诸实践。

1.3.2 信息是创新流程中不可或缺的重要条件，信息贯穿整个创新过程

美国学者德鲁克（Peter Ferdinand Drucker）曾说过，"当今社会最具价值的活动无疑是寻找创新的来源"。创新源于信息，信息是启动创新的"按钮"，创新流程的第一阶段是观察，是寻找创新来源和启动创新的最初阶段，主要通过各种渠道及时、准确地了解、掌握信息，只有在掌握市场、技术及各种政策等信息的基础上找到问题，才能寻找到创新突破口。

准备和酝酿阶段包括收集、整理、消化和吸收信息，提出问题的解决方案，顿悟阶段貌似与信息无关，实际上可以通过信息交合、头脑风暴等创新技法消除信息的不确定性，形成创新成果。

最后的验证，是对创新成果的正确性、可靠性及合理性等的实践运用，创新成果本身是新信息，对其验证更是离不开信息，可以说，创新过程没有信息流动，就是无源之水、无本之木。

2. 创新中信息运动增值规律

信息运动过程中出现的信息在量、质和价值上的递增变化过程，称之为"信息增值过程"，创新信息运动规律将信息增值过程运用于创新，亦可称之为"信息增值创新规律"，具体包括创新信息富集、增值、超循环等原理。

2.1 创新信息富集原理

信息富集原理是指信息输出方不会因为信息输出而减少信息量，但得到信息方的信息量却增加了，这是信息量与物质、能量显著差异的特点。1个苹果，如果2人分享，则1人一半，如果3个人分享，则1人1/3，即物质或能源在交流分享过程中会衰减，但是信息分享交流不但不会减少信息，反而会增加。有人曾说过，如果2个人手里各拿着1个苹果，交换后依然还是1人1个苹果；如果2个人每人有1种思想，交流后，每人就拥有了2种甚至更多种思想。此言形象生动地描述了信息在分享交流后富集，即信息交流分享的结果是所有人的信息量都增加，不会有人受损失。创新信息富集原理是信息富集原理在创新活动过程中的运用，具体指创新系统的成员间因为信息的相互交流促使系统信息量密度的增长，创新信息有效富集是成功实现创新的重要条件。

2.2 创新信息增值原理

创新信息增值原理指在创新系统中因信息相互作用产生新信息的规律，信息增值可从两方面理解，一是作为知识增长中的信息增值原理，二是基于信息交合的信息增值原理。

2.2.1 知识增长中的信息增值

英国著名情报学家布鲁克斯（Bertram Claude Brookes）认为，信息可以改变人的知识结构，提出了信息作用于知识结构方面的基本方程式：

$$K(S) + \triangle I = K(S + \triangle S)$$

式中，$K(S)$ 表示某一知识系统（或某一个体）的原本知识结构，$\triangle I$ 表示该知识系统吸收的信息，$K(S + \triangle S)$ 表示知识增值后该知识系统的知识结构。

此方程式是对信息增值功能最直接的描述，表达了新的知识增加是由于吸收信息的结果，换言之，信息的介入，促进了知识的增长，公式抽象概括了知识结构的变化依赖于信息增长，即信息增值是由于信息吸收促成知识增长，进而改变知识结构达成的。

2.2.2 基于信息交合论的信息增值原理

信息交合法，是一种创新思维技巧，又称"要素标的发明法"或"信息反应场法"。具体来说，信息交合法是基于不同信息的交合可产生新信息和不同联系的交合可产生新联系两个公理，把相同属性的同一类型或同一体系的信息进行要素分解归集在同一坐标轴，将不同属性的信息坐标轴相交形成二维或多维信息坐标系统，再对同一坐标轴或不同坐标轴的信息彼此结合、相互杂交，进而产生新创意的方法。信息在交合过程中产生新的信息，也就是说信息通过运算、交合、复制和繁殖会产生新的信息，即信息交合能促进信息增值。

举个简单的例子更好地说明信息交合法，比如年复一年的果树专业毕业论文选题，如何创设更多的创新性课题。

第一步，确定中心。所有的信息资料围绕"毕业选题"这个中心，即以"毕业选题"为坐标原点。

第二步，确定信息轴。根据果树学专业毕业选题的特点及论文写作的要求，从原点出发，以果树种类、研究内容、试验设计方法和数据分析软件4个属性为轴，并用矢量标的串联信息序列。

第三步，分解信息要素，即标注坐标轴的要素。果树种类信息轴上可分解为荔枝、龙眼、马蹄和芒果等；在研究内容轴上分解成组培、扦插、病虫害、保鲜；在试验设计轴上标出随机区组、对比和正交试验方法；在数据分析软件轴上标出Excel、SPSS和SAS。

第四步，信息交合。即从各坐标轴选择要素，实施信息交合，就可组成 $4 \times 4 \times 3 \times 3 = 144$ 种设计题目，可形成如"SAS软件实现荔枝组织培养中正交实验结果的统计分析""如何用SPSS软件处理荔枝、龙眼保鲜试验中对比资料数据""随机区组设计在芒果病虫害防治的应用"等一些题目课题。

第五步，定题。即筛选方案，由于信息的组合都是粗略的题目，在实际选题过程中，还应结合实验条件和设备，对粗选课题的可行性、创新性、专业性、实践性等进行论证，丢弃不合理的题目，如马蹄不能采用扦插方式繁殖，显然必须去掉，对合理的粗选题目也应优化或改进，筛选出适合于学生开展毕业设计的题目。（如图3-3所示）

图3-3 信息交合图

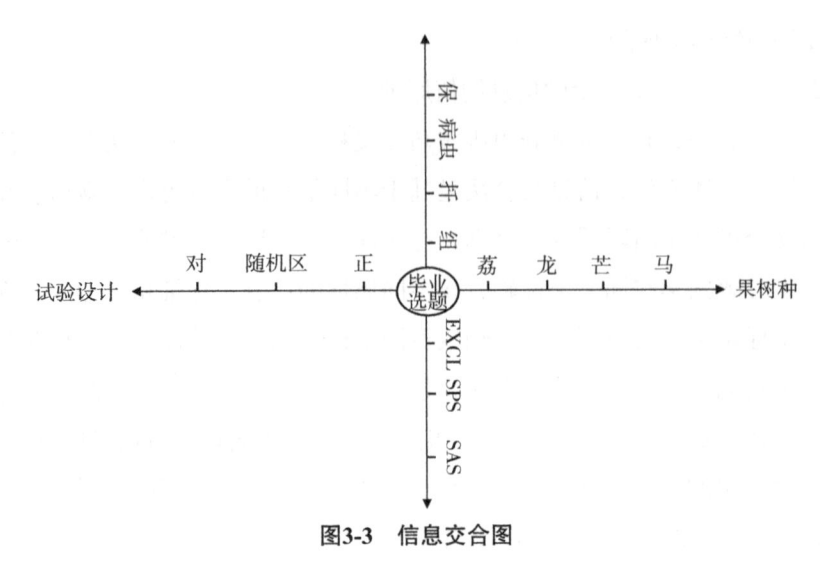

信息交合法在运用过程中,通过信息的分解、重组,从交合系统的全局、整体入手,把各部分、各要素不同质的信息联系在一起,创设出新的信息,如上例,4个不同属性的14个要素进行交合能产生144个课题,增长了10倍多。很显然,在信息交合过程中,信息的数量增加,与此同时,通过筛选,可以遴选一批创新性课题,信息交合后信息质量也得以提升。

因此,信息交合通过信息分解组合,促使信息之间交互产生新的信息,实现创新过程,换言之,借助信息交合的信息增值是创新的重要手段。

2.3 创新信息超循环原理

创新信息超循环原理是指,任何一项创新,不仅能激励原项目的继续创新,还能促进新项目的创新。很多的创新成果互相衔接、互相推动,形成一个不断加强的回路,这就是创新信息的超循环。例如,现代科技体系是由大量不同技术相互衔接的闭合系统,能源、材料与机器、产品制造相互衔接,而机器、产品制造反过来又为能源、材料提供服务。事实上,并不是所有的创新活动都完全遵循这个规律,但是,如果创新活动中的信息流动满足这个规律,有助于形成自组织创新的社会创新体系。

信息之于创新的作用原理不似物质、能源一样肉眼可见,但它确确实实存在于人的主观意识中,并作用于创新的过程,是推动人类科技进步和文明进程的不可或缺的力量。

3.信息技术在创新2.0模式下的作用

信息在创新中发挥着重要作用，创新主体、创新环境、创新要素之间的交互关系是建立在信息流动的基础上的，尤其是在创新2.0模式下，创新主体之间建立以信息为中心的协同关系，信息是"链接"创新个体形成聚合效应的关键所在，在信息技术的支持下，信息及其流动在创新2.0模式下的作用表现在以下几个方面。

3.1 信息电子化及网络化为创新2.0提供了前所未有的客观条件

信息记录、存储技术的发展，导致信息量的急剧增长，人们把它称为"信息爆炸"，"信息爆炸"对于现代社会来说，是一件好事，尤其为现代人的创造力开发提供了前所未有的客观条件。

3.1.1 丰富的信息资源减少创新主体创新活动的不确定性

创新具有高风险性和不确定性，而且随着创新程度的加深，不确定性和风险性加大，而这种不确定性和风险性主要来源于创新主体信息的缺失，尤其是能满足其创新需求的高效信息的严重不足和不对称。以往信息匮乏的时代，阻碍了创新者对高效信息的获知，这种现象在"信息爆炸"时代得以缓解，庞大的信息流在网络源源不断，创新主体通过网络获取高质量信息，并整合或改善其知识结构，提高决策和管理执行能力，优化或改进了创新活动可依靠的工具和手段，大大提升创新能力和创新成果的水准，促进新的价值链产生和完善，实现信息的增量价值。

3.1.2 共享技术聚集信息资源，促进创新主体实现协同创新

信息共享空间（information commons，简称IC）于20世纪90年代出现，它是伴随信息技术的普及和应用，在知识自由和开放存取理念的倡导下构建的一种协作式学习环境。信息共享空间是经过专门设计的，是在保证提供信息一站式服务和写作、学习环境的基础上，整合互联网、计算机软硬件，提供内容丰富的印刷型、数字化和多媒体等形式的知识库资源，并在技能熟练的图书馆参考咨询员、相关学科专家、学科馆员、多媒体工作者和指导教师等的共同支持下，培育读者信息素养，促进读者的学习、交流、协作和研究。如上海图书馆2013年开放的"创·新空间"以"激活创意、知识交流"为主旨，以馆藏文

献、数字技术、创新工具为支撑,通过讲座、沙龙、多媒体教学、作品成型、成品展现等方式将图书馆提供的平面化信息立体化、感性化、多元化,真正服务于产学研。

创新在很大程度上是建立在创新主体的原有知识结构和存量知识的基础上的,即组织和个人原来所拥有的知识量越多,创新越容易产生和实现。信息共享空间为信息交流和共享提供平台和支撑,加速信息流动,促进创新主体实现在一定领域或某一创新项目上的聚集,形成知识在这一领域或者项目的相对集中状态,并把IC域内各个创新主体联系在一起,完成信息在主体之间的流动和增值转化过程,增加每个组织和个人的知识量,IC的知识资源集聚作用可以保证创新要素在主体之间的优化组合,产生协同效应,从而加速了创新的进程。

3.2 信息技术为组织知识管理提供支撑,提升组织创新能力

信息技术的发展促进组织知识管理,信息技术为实施知识管理提供大量有效的工具,知识管理工具与技术有很多,主要有知识仓库、知识地图、数据仓库、因特网、内联网、外联网、网格技术、语义网技术、群件技术、知识挖掘技术、搜索引擎技术、文档管理系统、中间件、人工智能和专家系统、智能代理技术、办公自动化系统、元数据技术、推技术与拉技术等。其主要功能是知识共享、知识创新、决策支持、协同工作、信息管理和操作平台等,通过存储、检索、管理及分析等操作整合来源于组织内、外部的知识,提高知识的应用效率,促进组织内部人人参与创新,提升组织的创新能力。

3.3 交互式信息交流技术,提高创新过程中的知识转化效率

以实时交互信息交流为主的社交媒体作为信息技术发展的重要产物之一,从电子邮件到社区论坛再到博客、微博,直至现今广泛使用的微信等,逐级提升人与人之间的信息与知识的传递交流的效率,推动显性知识、隐性知识的记录、组合、转化等进程提速,为个体与群体提供高度互动的平台,分享、共建、讨论与改进用户生成的内容成为一件轻而易举的事情,促使显性知识、隐性知识之间的转化,促进个体、组织内及组织间在不同的信息生态环境下的知识合作,为共同创新提供培育空间。

4. 知识转化、知识创造与创新

德鲁克提出"创新的本质是新知识的创造"后，在对创新本质界定的基础上，创新形成机理，即探讨"创新形成过程中新知识是怎样产生的"的研究渐成热点，其中，野中郁次郎（Ikujiro Nonaka）提出的在知识转化SECI模型基础上创设的知识创造理论是创新形成机理研究中最为权威的观点。当然，创造知识并不是创新的目标，只有将新知识用于实践实现持续技术创新，才能使知识增值，但知识创造是技术创新的基础，是实现创新的必由之路。

4.1 基于知识转化SECI模型的知识创造理论

4.1.1 经典知识创造SECI模型

1995年，日本知识管理专家野中郁次郎在其出版的《智力经营》《知识创造企业》等一系列成果中基于知识分类提出了企业显性知识和隐性知识相互转换的SECI模型（如图3-4所示），即显、显性知识之间，隐、隐性知识之间，显、隐性知识之间通过知识的社会化、外化、结合和内化4种形式相互转化并产生新知识，深入探讨了通过企业内部的知识创造与变换，把企业员工个人知识转变成企业潜在竞争力的内在机理。

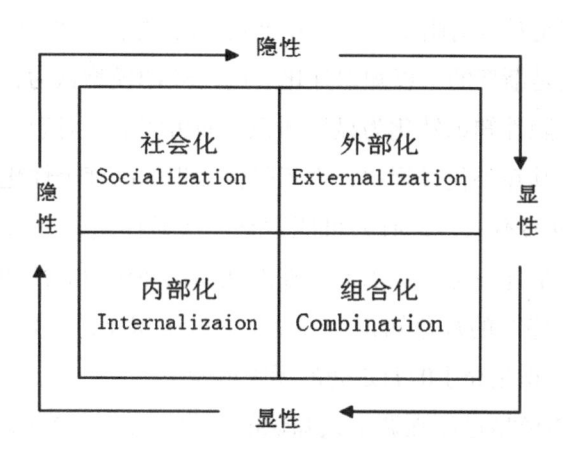

	隐性	
隐性	社会化 Socialization	外部化 Externalization	显性
	内部化 Internalizaion	组合化 Combination	
	显性	

图3-4 SECI知识转化模型

社会化（S）：通过分享经验等方式完成隐性知识向显性知识的转化。例如，厨师把自己对火候的特殊掌控传授给他人，医生将自己的临床经验传授给其他医生或护士等。

外化（E）：将不可言状的隐性知识表达成格式化的显性知识，实现隐性知识向显性知识的转化。如把实践过程中获得的经验教训以书面的形式表达出来。

结合（C）：与信息交合过程类似，是将显性知识交合生成系统、全面和更加复杂的显性知识体系，实现显、隐性知识的转换。例如，通过搜集、整理和学习不同来源的显性知识，归纳、转化成自己可以接受的一套显性知识。

内化（I）：通过对显性知识的学习等方式将显性知识转换为隐性知识，比如通过大量阅读图书资料丰富自己的知识。

4.1.2 创新2.0模式下SECI模型的缺陷

经典的SECI理论模型通过知识的四个螺旋式转换描述了知识创造的方式，虽然SECI模型较好地说明了知识转化的过程，然而在运用过程中存在不少问题。为此，国内外诸多学者从细化显、隐性知识如何完成相互转化，以及显、隐性知识在个体、组织间的转化过程两个层面对SECI模型开展大量的扩展研究，SECI模型的主要缺陷来源于知识两分法，对具体创新产品系统的知识创造过程缺乏更为细致的解释力，归纳起来，SECI存在以下不足。

第一，SECI模型基于知识两分法，直接导致了描述知识创造过程的"模糊性"。就如同非黑即白的两个极端，如果没有各种灰色作为过度，黑白两色的动态转化过程是难以清晰描述的。在创新2.0模式下，知识的创造在"众创"引领下，其转化是渐变的。以知识外化为例，SECI模型认为，知识的外化是一次性完成直接由隐性知识转化为显性知识，而事实上，对于"众创空间"中的一项隐性知识，其在外化过程中，由于隐性知识的高度个性化，每个"创客"对其的描述可能都不一样，有的可能达到一次显性化，有的可能只能描述一半，有的可能只描述一点点。因此，在隐性知识外化为显性知识中间可能还有无数种"既显又隐"的灰色知识。假设把显性知识比作"1"，隐性知识比作"0"，那灰色知识是介于0与1之间的无限可能。

第二，SECI模型过度强调个人知识的转化。在创新2.0模式下，万众创新是常态，除了个人与个人的转化，还会在个人与组织、个人与多人、多人与多人、组织与组织之间实现知识转化。

第三，SECI模型未考虑主观因素。如前所述，在知识外化，即隐性知识向显性知识的转化过程中需要考虑到复杂的个人经验；在知识内化，即显性知识向隐性知识转化过程，由于每个人对于知识会有不同的领悟，SECI模型无法解析"师傅领进门，修行在个人"这种现象。

第四，SECI是理想理论模型，未考虑知识转化中的现实问题。其一，SECI模型是一个较为完整的循环知识创造过程，未涉及如何实现知识的转化及转化的效率等问题；特别是在创新2.0模式下，知识的转化过程受到众多的因素影响，并非一帆风顺的，势必遭遇来自硬件、软件及人为等方面的干扰。其二，知识创造的目的是通过知识的应用实现其价值，而不是简单的无限循环的过程，SECI模型忽略了知识的使用，没有将知识创造、价值实现及组织的知识资产进行有机结合，形成组织知识系统脱节、目的不明确及方向不定的格局。

第五，SECI是以组织内部知识为基础进行知识再造的封闭系统，未考虑开放因素。在创新2.0开放创新模式下，任何一个组织的知识来源都不仅仅是在组织内部，还可以通过各种渠道来自组织外部，并融合内化成组织内部知识，知识创造可以跨组织、跨专业学科，甚至跨国界。

4.2 知识转化、知识创造是创新的重要环节

通过知识转化创造知识并不是创新主体的目标，而是实现创新的途径。一方面，知识的持续创造和共享促进创新持续不断产生；另一方面，创新又推动知识不断转化，提高知识创造的成效。

4.2.1 创新以知识转化和知识创造为基础

伴随着技术创新中的知识交流与学习，知识在技术创新过程中会在组织内、外，个体与组织之间，显性与隐性知识之间转化，知识转化与知识交流、知识学习相伴而生，贯穿技术创新的整个过程之中。

纵观历史，人类很多的创新都是基于知识转化。例如：1896年，莱特兄弟受德国著名滑翔机专家利连撒尔（Otto Lilienthal）不幸失事身亡事件影响，开始研究飞行，为了获得经费，他们经营起了自行车生意，在制造和修理自行车的工作中，掌握了大量机械和力学方面的实践知识；他们吸取前人在飞机制造上不重视理论的教训，学习研究了很多基础理论和航空方面的文献；他们还十分重视观察和实验，通过观察各种鸟在空中的动作，发现鸟在转弯时，往往要转动和扭动翼边和翼尖以保持平衡，于是把这种现象与空气动力学原理相结合，并应用到飞机设计上，通过滑翔实验测量了风向和气流，记录下详细的数据，揭开了包括空中急转、倾斜滑行和拐弯等一个个飞行奥秘，并一再改进机翼和方向舵的形状结构，这些试验为制造载人动力飞机奠定了理论和技术基础。正是莱特兄弟把隐性的实践知识和显性的理论知识经过知识转化实现知识创造，进而发明了人类第一架飞机。

技术创新实质上就是利用知识产生新的知识，在这个过程中，知识通过不断转化实现新知识的创造，创新始于知识也终于知识，一切创新皆是以知识转化为基础的知识创造。

4.2.2 创新加深知识转化程度，提高知识创造效果

一方面，知识创造和技术创新具有很多相似之处，但是两者强调的重点不同：知识创造是指一般知识的生产、利用和扩散；而技术创新是指一些具有社会经济价值的特殊知识的生产、利用和扩散。因此，技术创新可以看作是特殊的知识创造过程，在这个过程中，知识创造被赋予价值，并随着创新技术的生产而实现社会及经济价值，从而提高了知识创造的成效。

另一方面，知识创造更注重新知识本身，而创新注重的是新知识的效用。从这个意义上，知识创造通过知识转化产生的终极产品就是知识，创新则是运用新知识生产出新的产品。举个例子：众所周知，弗莱明（Alexander Fleming）发现了"盘尼西林"，即"青霉素"，并通过实验研究在《实验病理学》杂志上介绍了霉菌培养液中对葡萄球菌产生溶菌作用的物质，但没能解决如何大量对其提纯的科学难题，至此，可以说弗莱明完成了"青霉素"的知识创造。而真正使"青霉素"造福于人类的却是12年后，当英国医学家弗劳雷看到弗莱明的论文时，拍案叫绝，下决心要把青霉素从实验室解放出来，于是，他与细菌学家加德纳、生物学家山德士和化学家钱恩共同努力，高纯度的青霉素终于诞生了，促使新药青霉素问世。青霉素药品的生产是一项技术创新，它在综合利用各种知识创造成果的基础上，加深了知识的转化程度，提高了知识创造产生的新知识的效果。

4.3 创新2.0模式下的知识转化

创新是一个组织或企业在持续变化的环境提升竞争优势的关键因素，面对经济全球化、移动互联网带来的冲击，单一企业或组织不可能拥有创新需要的所有资源，唯有通过吸引各类资源、资本、合作伙伴、客户、供应商多方共同

参与创新合作体系开展开放创新、协同创新及大众创新为特点的创新2.0才能适应产品生命周期越来越短、个性化需求日益高涨、信息技术持续更新等环境变化。

毋庸置疑，创新2.0的知识转化仍以SECI为基础，不同之处在于创新2.0利用网络平台和Web2.0技术，营造了不受时间、地点、管辖界限和物理存在限制的创客空间，并以此为媒介，将兴趣相投的创客聚集在一起，由于创客的专业背景、行业特点和学术水平不尽相同极易形成跨学科领域的人才聚集，汇集异质性、互补性知识资源，极大提高了知识转化的效率，助力新知识的创造，进而推动技术创新进程。

5. 创新2.0背景下，知识管理是持续创新的关键

对于一个组织，比如企业而言，没有一劳永逸的创新，就像没有一往无前的增长一样，只有持续不断的创新才能产生持续不断的增长。而持续的创新能力有赖于知识管理，即通过对企业如何创造、获取、储存、转移和共享知识的管理，不断创造新知识来提高技术创新能力和产品的附加值。

5.1 知识管理与创新

理论界非常重视知识管理与创新关系的研究，国内外的研究集中在知识管理活动与企业创新的关系。Mc Elroy的研究认为，知识管理是企业保持创新能力的关键；Lester运用案例证实知识管理及新技术的应用会增加企业创新；Tranfield阐述了知识管理对创新的发现、实施和提升过程的支撑；Mc Adam则认为知识管理是创新的催化剂，论证了知识创造、内化、传播和应用加快创新；在实证研究方面，Gloet&Terziovski和Darroch的成果均表明，知识管理促进企业创新；董小英等人验证了知识管理与企业创新能力的相关系数很高；孙彪等人论述了越来越多的创新是通过技术联盟形式达成的，其中知识是技术联盟最重要的资源，由于知识共享避免重复开发知识，从而降低成本，其研究亮点是引入企业家导向作为技术创新的内生变量，更加全面地反映知识管理对技术创新的作用机制；刘国新等人从理论角度阐述知识的流动贯穿技术创新的每个阶段，知识管理有效提高组织内员工工作效率，提升创新速度，知识管理使技术创新的过程变得更加顺畅。

知识管理与创新的另一个研究内容是将知识管理作为中间变量研究其他

变量与创新的相关关系，验证知识管理通过影响其他变量对创新的直接促进作用。例如，秦善勇等人用结构方程检验信息管理、知识管理、技术资本与技术创新4个变量之间的关系，验证了技术资本依托知识管理而对技术创新产生作用。

国内外的研究表明，知识管理不仅是保持、提升和催化组织创新能力的直接因素，而且还是其他创新要素（如资金）推动创新的中间要素。

5.2 开放式创新中的知识流动管理

切萨布鲁夫（Henry Chesbrough，2006）认为，本质上，开放式创新通过综合运用知识的流入（inward）与流出（outward）加速了组织内部创新并扩大了外部创新市场。Cleveland（2015）认为，开放式创新主体应当针对高新技术产业，通过获取外部知识（即知识流入）加强组织内部研发力量，并利用外部渠道促进内部知识的市场化（即知识流出）。Cassiman（2016）研究表明，企业的创新产出随着知识流入流出可以增加，企业的认知、交易和组织知识的成本通过整合知识的流入与流出可以减少。

5.2.1 创新2.0模式下知识流动过程

吴川徽在研究国内外文献的基础上提出创新2.0开放式创新中知识流动过程包括知识获取、知识转化、知识整合、知识创造与应用4个阶段。（如图3-5所示）

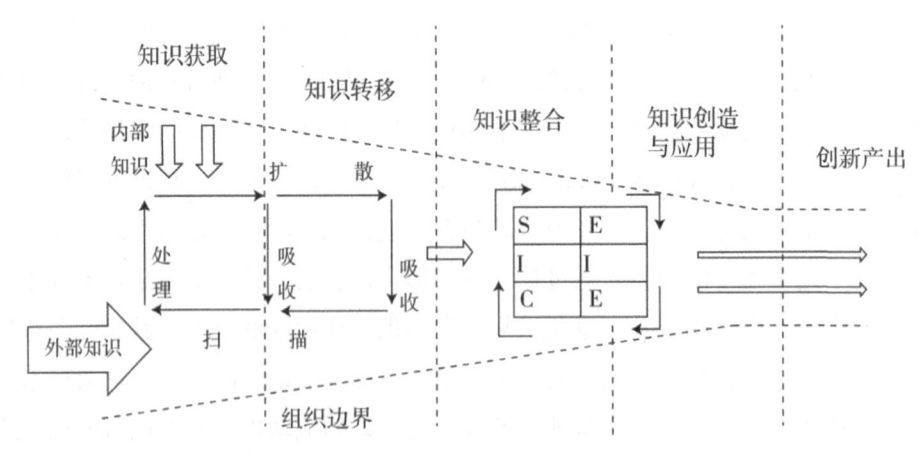

图3-5 开放式创新知识流动示意图

5.2.1.1 知识获取阶段

知识获取是企业或组织收集知识的过程，通过检索、吸收、共享等手段收集组织内、外部知识，将大量的异质性知识蓄积形成知识库。组织外部知识可以来源于知识服务机构（如数据库商）、科研院校甚至竞争对手，这要求企业或组织必须具备强大的搜索机制；知识的获取主要是对隐性知识的挖掘，可以在组织内部建立工作交流、头脑风暴等知识共享平台，发现、吸收相关的隐性知识，并将其汇聚到知识库，为开放式创新提供知识储备。

5.2.1.2 知识转移阶段

知识转移是知识源的迁移与转化过程。主要是把收集好的知识向知识需求个体或团体转移，一般采取沟通交流等非正式渠道开展个体间的知识转移，使用会议、团队合作等正式渠道实现团体层面的知识转移，知识转移的主要形式是隐性知识通过编码化和组织正式渠道的扩散而外化生成显性知识的过程。

5.2.1.3 知识整合阶段

知识整合是已有的显性知识的储存、融合及组合的过程，知识整合内含了个体知识向团体知识的转化与融合，异构知识经过多重组合，促进企业或组织的知识存量和质量提升，以期创造新知识和最大限度实现知识协同。

5.2.1.4 知识创造与应用阶段

知识的创造与应用是知识增值及实现价值的过程，具体表现为创新成果及其商品化与市场化的过程。

5.2.2 知识管理的目标是通过知识流动的管理实现创新

从上述开放式创新知识流动过程，我们可以清晰地看到一条知识自流动链条，其动力源于企业或组织需求，其流动方向由知识异质性和知识势差决定，具有自发性的特点，而知识管理的目标就是促使组织内外知识向创新方向推进。

5.2.2.1 创新是知识流动的结果，但并不意味着知识流动就能导致创新

毫无疑问，创新是知识流动的结果，但是，知识流动并不是都能实现创新，即知识流动是创新的必要条件而非充分条件。

首先，发达的网络技术削弱了组织的边界，促进了知识交流与转化，网络的整体无政府状态，使得知识的流动呈现出无序性和自流动性，这种不受约束的知识流在知识链条的每一阶段都会发生知识流出，例如，在知识获取阶段未能及时甄别和发现的、不能满足创新要求的知识，或阶段性的知识产出导致的

知识损失，这样的知识流动都无法为创新带来动力。

其次，从理论上讲，对于开放式创新，异质性知识流入越多越有利于创新的产生，而事实上，过度的异质知识的输入会导致组织处理、协调、研发等成本的提高，反而成为创新的羁绊。吴川徽（2018）研究得出，知识异质程度与创新绩效的函数关系在坐标上呈"倒U形"（如图3-6所示），即创新绩效随着知识异质度的增加而增加，但知识异质度达到某一值，创新绩效也达到峰值，随后，创新绩效会随着知识异质度的增加而下降，说明适度的知识异质程度是企业提升创新绩效的关键。

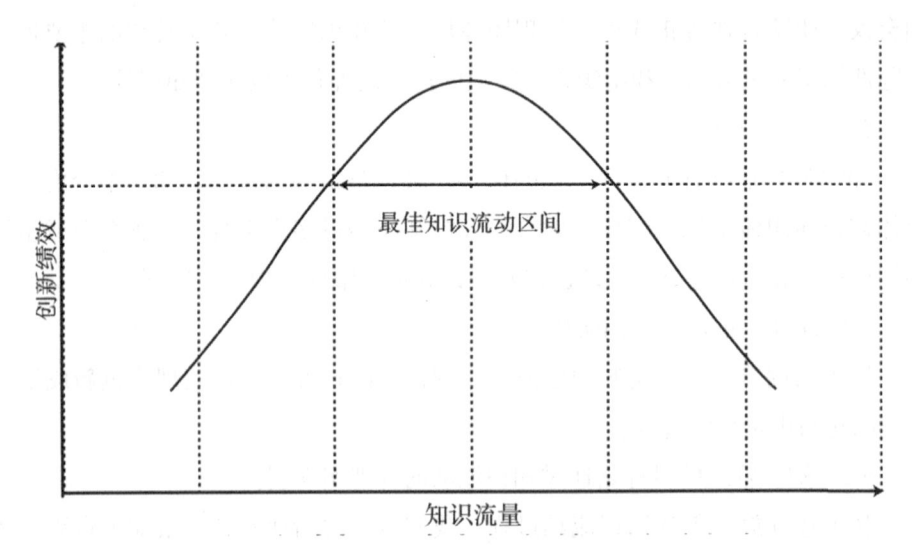

图3-6　知识流量与创新绩效关系图

最后，知识势差是组织内个体知识容量差异导致的位势差异，这种差异是组织内部知识流动的动力，但落差太大的知识势差，不但容易削减创新团队内处于低位势个体的创新动力，而且还会导致因低位势个体知识的欠缺造成的创新团队创新绩效的下降，产生"木桶效应"。

5.2.2.2 把握知识流动脉搏，实现知识管理目标

由于知识流动是创新的必要条件，对知识流动的管理达成创新的目标就显得十分重要，从知识获取阶段开始，就应根据知识的显、隐性特点，精准全面获取目标创新领域的所有显性知识，并不断挖掘目标领域的隐性知识；在知识转移和融合阶段，营造有利于知识转移融合的环境，促进知识的转化和创造

等。因此，在开放性创新过程中对知识流动过程的知识流量、知识质量及融合有效性的把控是知识管理的主要内容。

5.3 知识积累与创新的辩证关系

辩证法的角度认为：从量变到质变，当知识积累到一定的程度就会有所突破，这种突破就可视为创新。因此，知识积累促进创新很好理解，但是任何事情都是一分为二的，有效的知识积累促进创新，而无效的知识积累带给创新负面的影响。

一方面，从个体知识积累层面，由于网络带来的信息混杂，可能将一些错误的信息聚集到个体的知识结构中；对权威的盲目崇拜，缺乏批判性等因素都可能阻碍创新的正常进程。

另一方面，从组织或企业层面，杨菲等人认为知识积累抑制创新主要体现为以下两点。一是企业或组织是按既定的范式、轨迹进行知识的搜索、学习、转移、沟通与探讨，长时间的知识积累会限制知识宽度而阻碍创新活动的开展；同时，企业或组织采取"干中学""用中学"等方式学习知识、提高能力，有利于知识深度的加深，但却也缩减了知识的宽度，容易抑制突破性创新能力的生成。二是长期的知识积累，促进企业或组织形成惯性而独特的知识连接方式，由于技术复杂化的发展，任何企业或组织想要拥有全部先进、可用的知识已然不现实，继而对外部知识与资源的渴求越来越急切，当企业或组织向外部获取知识时，由于不同企业或组织的知识连接方式、知识基础等的差异，导致吸收外部知识消耗的时间的长短取决于企业或组织的知识基础、知识连接方式的相似度，知识积累所形成的知识连接方式的差异性阻碍了获取外部知识的速度，从而影响创新活动的开展。

第3节　信息素养是创新催化剂

信息素养作为人们在信息社会生存所必需的素质，虽然不是创新活动的组成要素，但却通过创新主体的活动参与创新全过程，良好的信息素养能够提升创新人才的学习、科研能力，促进创新能力的提高，加快创新速度。

1.创新需要什么

21世纪以来,在决定国家竞争力的要素中,核心是什么呢?随着科技的快速发展,越来越多的学者倾向于科学技术,认为科技竞争力决定了一个国家或地区在未来世界竞争中的地位和前途,成为维护国家安全、增进民族凝聚力的核心因素,而科技竞争力的发展水平取决于知识创新、技术创新、管理创新、社会组织创新等能力。因此,要确立一个国家在世界的地位,越来越多地依靠这个国家的创新力。同样,对于一个企业或产业而言,面对知识经济,创新成为企业或产业发展的根本。众所周知,创新依靠人才,创新竞争的实质是创新人才的竞争,要赢得未来关键在创新人才。

1.1 创新要素

创新是一个由多种要素参与的复杂系统过程,这些要素主要包括创新主体、创新客体、创新中介、创新环境和创新成果,并通过这些要素的相互联系和作用,进而促成创新的实现。创新过程是创新主体在适宜的创新环境中,利用相关的创新中介作用于创新客体,最终取得创新成果。

1.1.1 创新主体

创新主体是创新活动中的发起和实施者,即人,这里的"人"包含两层含义:一是指个人(如自然人的发明创造,像爱迪生等);二是指团体或组织(如国家创新体系的建立)。

在"双创"环境下,主张人人参与创新,但是,在现实活动中,并不是所有的人都能成为创新的主体,因为创新是一项复杂的人类实践活动,它对主体的素质要求比较高,那些心智不健全、没有创新意识、创新思维和创新实践能力的人并不能胜任创新的任务,所以难以成为创新的主体。

1.1.2 创新客体

创新客体是创新主体在创新活动中所指向的对象,它是进入创新主体认识和实践活动领域并和创新主体相互影响的涉及自然界、人类社会及人类精神世界的有形或无形的一切现存事物。创新客体依赖于创新主体,离开创新主体就没有所谓的创新客体。

1.1.3 创新中介

创新中介是指创新主体在创新过程中所利用的工具、手段及使用和操作这些工具的方式、方法的总和。包括有形的物质材料和无形的非物质资源两类，比如实验室、实验器材及相关材料是有形的物质材料，而创新实践中运用的一切智能系统、知识信息、组织管理、媒介文化等则为无形资源。

1.1.4 创新环境

创新环境是指创新过程中创新主体所要面对的自然和社会的客观外在环境氛围，自然环境指创新活动所处的自然资源和生态条件等，对创新活动影响更多的是创新制度、文化氛围等社会环境。

1.1.5 创新成果

创新成果是创新主体采用一定的创新中介在特定的创新环境下按照预先的创新目标作用于一定的创新客体而产生的结果，是创新主体创造能力的体现。创新成果具有价值性、时效性和新颖性。

1.2 创新人才是创新体系的核心

在创新体系各要素中创新主体决定了创新客体，创新中介在创新主体支配下与创新客体发生关系并产生作用，创新环境为创新主体营造创新氛围，创新结果则是创新主体最终创造能力的体现。因此，在创新体系中，创新主体即创新活动中的人或由人组成的团队是核心，但这里的人，非通常所说之人，而是创新之人，即创新人才，创新人才是创新制胜的核心要素，当今全球性的创新竞争，其实质是创新人才的竞争。

创新活动是一种复杂的心理活动，它与人的情绪、兴趣、性格和意志等个性品质都有关联，创新活动往往建立在已有知识的基础之上，创新人才通常具有广博的知识面和专深的专业知识，但他们并不会囿于已掌握的知识，而是创造性地重组、整合已有知识，突破常规达成创新，创新是从创新机会发现到价值实现的过程，涉及将想法转变成产品或服务进入市场的过程，同时也是知识创造、积累和运用的产出过程。

1.2.1 创新人才的界定

人才是内涵极为丰富的概念，一般是指具有某种特殊才能并能解决特殊问题的人。对于创新人才，从不同的角度有不同的描述和概括，沈晓明等人在

《教育：塑造未来奇迹的创造者》一书中将创新人才定义为，能够运用智慧和技能创造产生经济社会价值新奇迹的各种人才。并指出这个定义有4个要素：（1）具有智慧和技能（包括思想、知识和各种能力）；（2）能够创造价值（推动经济增长、提高生活水平和促进社会进步的价值）；（3）成果是新的奇迹（与众不同的新发明、新技术、新思路、新成果、新途径、新方法等）；（4）人才（生活和工作在各个领域的各类人才）。创新人才既指能作出重大贡献的优秀人才，也包括在各个领域取得创新业绩的劳动者。笔者认为这个定义比较符合创新2.0模式下的"双创"理念。

1.2.2 创新人才的素质

创新意味着变革，只有敢于冒险又敢于承担风险的人才能有效地进行创新，而因循守旧、循规蹈矩、墨守成规、厌恶新生事物的人不会也不可能实现有效的创新，甚至会阻碍别人的创新。

创新是属于人类的意识形态的内容，是思想意识活动的体现之一，它根据现有的思维模式，完成不同于当前思路的思维模式。完成一项创新，需要创新人才具备相应的创新素质，学界对于创新人才应该具备怎样的素质结构至今还没有获得一致性的结论。

蒋晓虹认为创新人才有3方面素质特征：一是创新思维，创新人才拥有丰富的知识，善于结合已获得的知识和经验，批判性、超出常规地提出、解决问题；二是创新精神或创新性人格、创新意识，创新人才具备鲜明个性、自信、意志坚定、强大的心理承受力、强烈的好奇心、求知欲，独立思考、不盲目听从权威、高度的责任感、使命感、事业心、勇于冒险等；三是创新能力，创新人才具备发现问题、积极探求的心理取向，是知、性、意的统一，具有敏锐的洞察力、高度的专注力、非凡的记忆力、丰富的想象力等。

张俊从系统论的视角出发，认为创新素质是由创新知识、创新人格、创新思维和创新能力4个维度构成的体系，其中创新知识是基础要素，创新人格是动力要素，创新思维是核心要素，创新能力是外在要素。

陈权等人则运用文献分析法、头脑风暴法和德尔菲法对拔尖创新人才的特征进行了探究，结果表明，诸多文献对创新人才素质的研究结论都有诸如创新能力、创新意识、创新精神、创新思维、好奇心和求知欲、想象力、冒险精神、意志、独立自信、观察力和洞察力、学习能力、事业心等类似或相同的描述；领导、沟通、团队协作等能力，以及基础知识、通识知识、方法论知识等也在较多文献中被提及。此外，有学者强调了情商的重要性。

李燕等人将我国科技创新领军人才素质特征归纳为5方面：第一，个人特质，包括成就动机、理想主义、追求完美、积极主动、自我控制、挑战自我、价值实现等要素；第二，思维特征，包含创新思维、合作意识、信息搜集等要素；第三，专业素质，由"T"型知识结构、人文艺术素养、职业兴趣等要素组成；第四，态度与品格，涵盖勤勉、严谨务实、诚实正直、忠诚、朴素、坚持不懈等构成要素；第五，领导力，包含团队建设、人才培育、洞察力、感召力、激发力等。

事实上，创新人才的素质结构是一个复杂的体系，既包括与生俱来的先天因素，如智商、情商，也包括后天培养的各种品格如责任感、使命感和坚强的毅力等，还涵盖了通过教育途径培养的创新能力，如信息获取及运用能力、广博的专业知识建构能力、学习能力、批判性思维能力等。

2. 信息素养是构成创新素养的基石

创新素养有一些是先天素质，如智商、性格等，但更多的素养是后天养成的，创新思维、创新能力、创新知识等都是可以通过教育方式获得的，信息素养作为元素养是催生创新素养的母素养，是构成创新人才素养的基础。

2.1 信息素养衍生创新素养

创新素养中的很多素质都与信息素养息息相关，如丰富的信息知识是创新人才创新知识结构体系重要组成部分，信息意识则是创新人才敏锐洞察力的基础等，可以说信息素养衍生了诸多的创新素养，是构成创新人才创新素质的基石。

2.1.1 创新思维以信息素养为基础

创新思维是一种突破性的思维，其本质还是思维，思维是人脑对客观物质世界的能动反映，离不开外界信息的输入和思维结果的信息输出，创新性思维更需要在获取、搜集大量的信息基础上，展开分析，形成突破常规的创新性知识，而这一切皆以创新人才的信息素养为基础。

2.1.2 信息素养是创新能力不可或缺的组成部分

创新人才敏锐的洞察力来源于对信息的敏感度，丰富的想象力源自于对信息的能动性反应，创新的成果是创新人才反思性发现的信息，这一切都基于创新人才良好的信息素养。

2.1.3 创新知识岂能少了信息知识

创新人才的知识结构除广博的通识知识、专深的专业知识外，丰富的信息知识是必不可少的，了解获取最新专业信息的渠道、方法，掌握信息管理、分析的方法等都是创新人才必备的信息知识。

2.2 信息素养是创新的源动力

创新过程中诸多信息因素参与其中，如信息贯穿创新始终、创新过程是知识转化的过程、知识管理是创新持续的关键等，而这一切均以创新人才的信息素养为媒介，创新成果是创新人才的信息素养促使信息与创新主体、客体、环境、中介诸要素相互作用达到的目标。

2.2.1 创新人才信息素养驱动信息作用于创新，加快创新速度

创新过程中信息与创新相互促进，不管是直线式还是螺旋式，都是在创新人才的作用下信息才能参与创新过程，也就是说信息作为解决创新过程中不确定性的元素，只有在创新人才获取、分析、运用等信息素养驱动下才能与创新对象发生作用，加快创新速度。

另一方面，信息与创新相互挑战，如何避免已有的创新成果的价值涉及知识产权保护等信息素养，对于延长创新成果的生命周期和保持价值也是十分重要的。

2.2.2 创新人才信息素养促进知识转化，推动创新发展

知识的转化是知识创新的必备环节，不论是组织内部还是个人对知识的转化，都涉及隐性知识和显性知识的相互转化，这种转化不是简单的一进一出，而是在转化过程注入新的内容实现新知识的创造，在这个过程中每个个体都必须运用自身的信息素养对知识进行整理、融合及表达等，换言之，信息素养通过创新人才促进知识的转化，推动创新发展。

2.2.3 创新人才信息素养支撑知识管理，确保创新可持续

知识管理是对创新中的知识流动过程，即知识获取、知识转化、知识整

合、知识创造与应用的管理，每一个过程无疑都要有创新人才的信息素养作为支撑。如前所述，知识管理是创新可持续的关键所在，因此信息素养通过创新人才的知识管理确保了创新的可持续。

3. 信息素养催化创新机理探讨

创新是一个非常复杂的过程，需要创新诸要素的有机结合，创新主体即创新人才决定了创新的方向和结果，创新素质是创新人才是否成功创新的先决条件，而信息素养又是构成创新素质的基石，那么，对于创新而言，信息素养是如何通过创新人才催化创新进程的呢？笔者以为，信息素养从两个层面作用于创新，一是提升创新人才的学习能力，二是培养创新人才科研能力。

3.1 信息素养通过提升创新人才学习能力，提高创新效率

信息是学习的源泉，但是，除非它被组织、处理及决策的格式对于适当的人是可用的，否则它是个负担，而不是益处。

3.1.1 学习与创新

创新从来都不是无缘无故的，都是有迹可循的，是创新者在长期学习的过程中对已有的知识体系的突破，世界上许多发明创造都始于模仿，正如一步登不上珠穆朗玛峰一样，任何发明创造都是在前人智慧的基础上所进行的不断改良。

正如月亮"偷走"了太阳的光，然而它却拥有太阳无法取代的价值，于是月亮便赢得人类的赏识。古今中外诸多创新成果都是模仿世上已存的相似事物而产生的，模仿本身就是一种学习。当然，创新性的模仿并不是简单的复制，而是通过模仿学习将别人的"失败教训"变成自己的"成功经验"，同时在模仿的基础上进行改良，哪怕是一点点的改良也是有效的模仿，能将发明创造对象推向新高度，这样的模仿才是值得尊敬的创新。人类历史长河中，这样的例子不胜枚举，但从未像现在这样普遍，比如，网络技术的应用，从军事领域到教育科技领域，再到商业应用，直至现今提倡的"互联网+"，无不体现着对网络技术模仿性创新的应用。在创新呼声高涨的今天，我们要创新，但应该保持冷静的头脑，不可以盲目行动，在模仿中追求创新，难道不是一条行之有效的捷径吗？无疑，这种模仿不是简单机械地重复，而是在学习别人的基础上有所改良、有所变革、有所创新。

3.1.2 信息素养是提升学习能力的元素养

国内学者认为："学习素质是人在先天生理的基础上经后天培养形成的学习的基本品质结构，是人的各种素质形成的元素质"。信息素养作为"催生其他素养"的元素养，同样也是处于信息社会的人在学习过程中所应具备的素质，即学习素质，有着催生的作用。无论是人工智能的深度学习还是人类的学习有一点是共通的：剥离学习的具体内容，学习流程是一致的，都是将知识、技能等信息在人脑或电脑中加工的过程，亦可简单视学习过程为利用信息的过程。

比较经典的信息加工学习理论，是美国心理学家加涅（Robert Mills Gagne）提出的，他认为学习过程就是信息流动的过程，学习者学习是一个完整的信息流程，涉及信息检索、获取、评价、吸收、利用等诸多环节，而学习过程是否顺畅取决于学习者的信息素养，即信息素养决定了学习主体（这个主体可以是个体也可以是团体，甚至是机器）的学习能力。

互联网+时代，人类除了传统的学校课堂学习，更多利用网络开展学习，这个过程无疑更加离不开信息素养。人们通过网络获取学习所需的信息，借助网络信息处理工具对已获取的学习资源进行接收、存储、转化和传送等加工处理，经由个体思维、网络互动完成内部认知建构和外部群体知识建构，实现对信息理解、认知、重构及再生的一系列认知活动，而这每一个动作都离不开信息素养，因此信息素养是提升人们学习能力的元素养。

3.1.2.1 信息是学习的源泉，也是学习的目的

学习过程"反馈原理"也是从信息的角度认为：学习是外来信息的内化过程，学习者经由自身的感官和大脑吸收信息，并输出信息，同时通过反馈和评价，判断信息正确与否，完整的学习过程，包括信息的吸收、输出、反馈和评价，四者缺一不可，贯穿学习的始末。

人类学习的过程是信息流动的过程，从学习的起始到学习的终止都离不开信息，这个过程，信息素养发挥了决定性的作用，没有信息的输入和输出，就无法完成学习，同样，信息的输入到信息的输出一成不变，也是一个无效的学习过程。信息的加工能力决定了学习的有效性，因此学习过程契合了信息素养

所涵盖的信息检索、获取、管理、分析、共享及批判性思维等内容，换言之，信息素养的本质是人类学习过程中应该具备且能有效提高学习能力的素质。

3.1.2.1.1 学习主体智慧结构中的信息类型

学习主体（个体或团体）智慧结构中的信息类型包括认知信息、认知场信息和认知场外信息。

认知信息，是一类显性知识，通常是常识性知识，属于学习主体智慧结构的一部分，主体对该部分信息了如指掌，此类信息不能激发主体的探究，但会引导或制约新的信息进入智慧结构，从而在有序的时空、逻辑顺序等方面对新纳入的隐性或未知知识等信息进行重新排列组合，以改善或调整主体智慧结构。

认知场信息，属于隐性知识范畴，是一类与主体智慧结构相连或相关，但又未完全明白的似是而非的信息，此类信息最易刺激学习主体发起和完成探究，最终生成新的显性知识并纳入主体智慧结构中。

认知场外信息，是一类与主体智慧结构无一丝关联的信息，即未知知识，主体对此类信息一无所知，这样的信息会对主体产生刺激，然而受制于主体智慧结构的缺失，很难引起主体的探究。

3.1.2.1.2 学习过程就是信息流动过程

从学习系统的角度来看，信息是组织和进行学习活动的手段和目的；从学习主体的角度来看，信息是主体与外界环境相互作用的媒介，是构建、组织主体智慧结构的"物质材料"和动力。也就是说学习主体是靠信息进行学习活动的，可以说没有信息的流动，就没有学习活动，与此同时，学习的过程，是主体用信息构建、发展其智慧结构的过程。

学习主体的学习过程是利用智慧结构里认知信息已存在的知识经验系统及思维概念模式对新纳入的主体智慧结构的认知场信息加以选择、整理、浓缩提炼等。认知场的信息与主体认知信息交互作用，有用的信息流入、没用的信息流出学习主体的智慧结构，最后，人脑通过思维运用概念作出判断、推理或联想，整合有用信息，将认知场的信息同化为认知信息，提升了认识并生成新的信息结构即信息产品。在学习过程中，信息经过智慧结构的内化和外化，会发生各种变异、改造甚至飞跃。

3.1.2.2 互联网+时代的学习

"学习"是认知领域的一个古老而又现代的话题,在我国,最早把"学"和"习"联系起来并探讨二者关系的可以追溯到春秋战国时代的先贤孔子,《论语·学而》云:"学而时习之,不亦说乎?"对学习的科学研究始于德国心理学家艾宾浩斯(Hermann Ebbinghaus)在1885年出版的《关于记忆》一书,随后出现了行为主义、认知主义、以信息加工为基础的建构主义、人本主义等现代西方经典学习理论。由于技术的发展,人类已进入信息时代,并正在快速迈向智能时代。近年来,以人工智能、机器人、物联网、区块链等为代表的新一波智能化技术浪潮正扑面而来,智能化的冲击与影响前所未有,人类知识与学习也在发生着巨大的变化。新的知识大量不断涌现,知识半衰期缩短,更新速度加快,知识传播呈现碎片化。在网络环境下,由于信息的超载和知识的碎片化,人类的学习能力面临挑战,新的学习观念不断产生,如基于动态思维的终生学习观、信息泛滥下的优选学习观、基于迭代思维的自主学习理念、零存整取策略下的创新学习观、包容性思维下的立体学习观、分布式认知与思维下的协同学习观、互联网思维下的混合学习观等,虽然这些观点尚未上升到理论层面,但毋庸置疑的是,人类的学习确实因现代信息技术的剧烈发展面临前所未有的挑战。

互联网+时代,人们的学习更多依赖网络,面对的是数字、电子化信息,相较于之前的学习,网络化学习保留了基于语言的"口口相传"学习的及时性和互动性,又克服了其不易保存和远距离传播的不足。同时,继承了基于印刷技术知识信息的易于保存和远距离传播的优点,且弥补了其互动性、及时性差的缺陷,使网络化学习呈现超时空性、互动性、及时性等特点。此外,数字化的信息通过网络实现共享,人们借助各种学习设备和相关软件,跨越时空,实现信息的汇聚、思维的融通和知识的构建,完成协同学习。归纳起来,互联网+时代的学习有两大特点:一是更多地依赖学习工具,利用工具获取、分析、共享及发布学习信息;二是呈现协同化特征,出现学习共同体,如人与人工智能学习工具之间的协同,人与人之间的协同,人与组织之间的协同,组织与组织之间的协同等。这一切都迫切需要信息社会的人在学习的过程中具备相应的信息素养以适应技术带来的变化,信息素养成为提升学习能力的必备素质,对于创新人才而言信息素养更是必需的。

3.1.3 信息素养是提升学习能力的技术因子

随着技术的进步，信息记录的物质载体、信息传播及交流方式发生了深刻变化，要揭开人类的学习奥秘，关键在两个问题，即学什么、怎么学。学习内容即是回答"学什么"的问题，而学习内容的承载、传递则涉及信息记录、传播及交流技术；学习模式则是解决人们"怎么学"的问题，是人类认知领域重要的活动，受不同时代的认知工具变化的影响，造就了适应各时代特征的学习模式，人类的学习模式与信息技术变迁存在一种协同演化的关系。

3.1.3.1 人类学习模式随着信息技术变迁而协同进化

在人类的进化史上有4次大的信息革命，相应地，人类的学习模式也经历了4个阶段的发展。

第一阶段，基于语言的"耳提面授"学习模式。

第一次信息革命的标志是语言的产生。信息承载于人体，通过语言口传方式实现信息交流与传播，在那个口传时代，几乎没有媒介技术可以使人和人之间进行间接交往，学习模式主要是面对面的"耳提面授"，主要特点表现为学生通过别人的"口口相传"获得知识，由于知识的传播受时空限制，知识流通面极其狭小，所以极易形成知识的垄断，极大地限制了知识创造能力，也阻碍了人类知识积累。当然，这种学习模式也并非一无是处，其优点是信息垃圾极少，能流传下来的都是"珍品"。

第二阶段，基于文字的学习模式。

第二次革命的标志是文字的出现。信息通过文字记载就成为可以研究、浏览的客观物质，其内容可以比较，可按一定顺序编辑，形成有条理和客观性的科学知识，人类的学习模式与活动也越来越间接化与抽象化，人类的知识获得更多通过文字的学习和理解，弥补了学习只能通过肢体语言与口头语言等直接经验的不足，打破了时空的限制，拓展了学习的信息来源。

第三阶段，基于印刷技术的学习方式。

第三次革命的标志是印刷术的发明。印刷术促进人类把知识记录并传播开来，人类的学习模式更多通过"读书"方式来达成，减少了对教师的依赖度，降低了知识被传授者垄断的程度。

第四阶段，基于数字化的学习模式。

第四次革命的标志是信息的数字化，数字化使各种信息更易于产生、传播，人类的学习模式逐渐走向"电子信息化学习"，即E-Learning，而且这种学习模式还将伴随着信息技术的变化而不断演变。

3.1.3.2 信息素养提升人类利用学习工具的能力

随着社会信息化进程的不断加快，一个数字化、网络化、智能化的信息环境正在加速形成。

网络技术的进步，为学习过程中的信息加工和处理提供了大量的工具和软件，人类的学习前所未有地依赖学习工具，如学习内容依赖于网络数据库，学习过程中对信息的加工、分析处理要借助相关的分析软件，学习过程中形成新观点借助学习空间、创客平台等实现信息的汇聚，学习成果的输出借助文献管理软件等。相应地，人类在学习过程中将一些机器能做得更好的过程交由机器来完成，如需要耗费大量时间去记忆的数据、繁杂的计算过程及烦琐的资料分类、编排等，促使人类的学习有更多的时间和精力去关注机器不能完成的推理、归纳等思维层面的内容，最终产生新的信息（包括新知识、新技术、新理念等）。

信息素养正是培养一种利用各类信息处理工具来获取、分析、共享甚至生产信息的能力，这种素养能帮助学习者更有效地学习。

3.2 信息素养通过培养创新人才的科研能力，提升创新效能

科研工作直接面对的就是创新挑战，是针对自然科学或社会科学未知领域的知识性、规律性的探索，从事科研工作的人才必须具备一定的科研能力，一般情况下，这类科研人才要有宽广的知识面和专深的专业知识，俗称"T"型人才，科研人才面对的是未知世界，对现有知识权威质疑及批判性看待，善于发现问题、提出问题，也是研究出创新成果的关键。此外，管理、应用及分析文献、数据及知识也是科研工作的必备技能，这些能力都与创新型科研人才的信息素养息息相关。

3.2.1 信息素养促进创新型科研人才优化知识结构，加速知识更新

科研人才的知识结构在信息社会里显得尤其重要，在创新2.0背景下，需要复合型科研人才，既要有广博的基础知识和专深的专业知识，又要有相关学科

的知识及丰富的人文科学知识，此外还要有相应的实践能力，更为重要的是要有获取新知识、把握前沿科技动态的能力。

3.2.1.1 信息素养助力科研人才知识结构优化

信息素养最主要体现在人有信息需求的时候知道在哪里可以获得相应的知识并使问题得以解决，对于一个科研人才来说，即便有良好的知识结构，在探究未知世界的过程中都难免会遇到一些知识不足以支撑的缺陷，这时候信息素养能将有效信息与自身知识结构融合，在弥补知识缺陷和优化知识结构上起到举足轻重的作用。

3.2.1.2 信息素养加快科研人才知识更新速度

科学研究是对未知世界的探索，是在前人研究的基础上新的突破，掌握最新学科前沿是找到突破口的关键。因此，对于科研人才而言，不断追踪和更新专业及相关领域的最新成果是十分必要的，只有在全面了解前人研究的基础上，才能避免重复研究、找到研究的方向，真真正正做到"胸有成竹"，方可"知己知彼，百战百胜"，得出创新性科研成果。信息素养的重点就是获取知识，对于科研人才来说，良好的信息素养加快其知识更新速度，有利于对最新科技动态的掌握。

3.2.2 信息素养全方位提高创新型科研人才的科研技能

科研人才具备良好的信息素养，对于提高思辨、学术交流及文献数据管理等科研技能是很有帮助的，可以说，科技人员的良好信息素养能全面提高科研人才的科研技能。

3.2.2.1 信息素养有助于科研人才批判性思维的提高

《高等教育信息素养框架》中很明确指出，信息权威性的质疑能力是信息素养教育重要内容，具备良好信息素养的科研人才能使用科研工具或权威性指标评判信息源的可信度，对学科领域内的权威人士及相关出版物提出挑战，并在科研过程中不断提升自身的权威声誉。因此，良好的信息素养有利于科研人才在创造新科研成果时正确对待自身及他人存在的局限和偏见，能思辨性地评估及利用信息，提高批判性思维水平。

3.2.2.2 信息素养帮助科研人才有效开展学术交流

对于科研人才而言，学术交流是非常必要的，除通过相应的信息平台了解学科领域高水平会议的召开信息，参与学术交流以了解他人的研究成果外，还很有必要把自己的研究成果加以推广，这就涉及如何将自己的研究成果顺利发表在高质量期刊上，科研人员只有拥有较高水平的学术信息交流能力，通过OA（办公自动化）系统优先将自己的成果发布，然后再选择相关的同行评议及高影响力的期刊发表，这对于自身的知识产权得以妥善保护是非常重要的。

3.2.2.3 信息素养帮助提升科研人才文献、数据应用、管理及分析能力

信息素养包含科研人才对信息的获取、管理、分析及利用，这些都是一些具体的通过使用相关工具解决问题的能力，如利用数据库检索文献，利用相关文献管理软件完成文献资料的阅读、论文的撰写及参考文献的管理，利用数据分析系统分析数据等，这些技能都能提高科研人员的工作效率，加快科研成果的产出。

第4章　智能时代的信息素养教育

联合国教科文组织提出："世界在变，教育也必须做出改变。社会无处不在经历着深刻的变革，而这种变革呼唤着新的教育形式，培养今日和明日社会、经济所需要的能力。"

第1节　信息素养教育变迁

张亚莉（2006）认为对于"信息素养教育"在学术界基本达成比较一致的理论表述，即信息素养教育是对人进行的信息知识、信息观念、信息能力、信息道德等方面的教育，其目标是提高受教育者的信息素养。

在汹涌的信息化浪潮的推波助澜下，信息素养备受各方关注，信息素养教育在世界范围引起各国广泛的重视，信息素养成为人才素质评价的重要指标之一，被纳入小学到大学的教育目标与评价体系中。

1. 信息素养教育简史

研究信息素养教育的历史，从概念产生的角度来看，信息素养教育源自人类对信息素养的认知而后产生相应的教育，然而，事实上在信息素养概念诞生之前，信息素养教育已然存在，也许它的产生可以追溯到人类原始时期，是伴随着人类信息技术的发展而渐进发展的一个历程。

秦学智（2015）认为，人们对信息素养的认知及其教育的发展是一个历史进程，根据历史的发展脉络、基础及特征，把信息素养教育发展史划分为对信息朦胧意识时期、识字书写教育时期、文献资料编目和认知时期、文献检索与利用教学时期、比较广泛的信息素养教育时期五个时期。

不可否认，信息素养教育是一个历史的进程，但是技术发展对其的影响起到决定性作用，对此，笔者在秦学智的研究基础上，从技术发展的角度，以信息素养概念提出、信息获得主被动程度两个标准为划分点，将信息素养教育划分为信息素养教育前时代、准信息素养教育时代、当代信息素养教育时代及后信息素养教育时代四个时代（划分依据详见表4-1 信息素养教育技术发展时代的划分标准）。就目前技术而言，信息素养教育正处于由信息素养教育时代迈向后信息素养教育时代的过程中。

表4-1 信息素养教育技术发展时代的划分标准

标准一	标准二	信息素养教育技术发展时代
1974年信息素养概念提出之前	手工检索工具的出现，标志性工具《别录》的出现	信息素养教育前时代
		准信息素养教育时代
1974年信息素养概念提出之后	人找信息（主动获取信息）	信息素养教育时代
	信息找人（被动获取信息）	后信息素养教育时代

1.1 信息素养教育前时代

这个时代没有信息概念，更没有信息素养概念，人与信息之间处于混沌状态，它是一个漫长的发展阶段，包括秦学智所描述的信息朦胧意识时期和识字书写教育时期的信息素养教育两个阶段，这个时代的技术标志主要是语言的产生和文字的发明，其终结标志是书目型检索工具的出现。

史前人类在与自然界作斗争的过程中，产生了语言，形成了符号、记号等记录符号，并逐渐发明了文字。在这个时代早期，人类通过感性获取以自然征兆现象为主的经验性知识，通过语言口口相传，把已获得的总结性经验知识传递给同伴、后代是信息素养教育的主要内容，语言传送是信息传播的主要手段；文字发明后，人类将对自然界的认知以文字形式表达，对文字信息的学习、识别、辨析、理解、练习及评价、使用等是信息素养教育前时代的主要内容。

1.2 准信息素养教育时代

西汉刘向所编的《别录》标志着人类进入准信息素养教育时代；1974年，保罗·泽考夫斯基提出信息素养概念是这个时代的终结标志，跨越了两千多年的历史。此阶段，人类信息素养教育处于启蒙状态，产生了信息的概念，出现了专门的信息检索课程，信息素养概念呼之欲出，这个时代包括秦学智所说的文献资料编目和认知时期、文献检索与利用教学时期两个阶段，此时，信息属于稀缺资源，人类手工制作检索工具，人与信息之间以人类主动查找获取信息为主导。

这个时代早期的技术特征主要是造纸术和活字印刷术的发明，图书成为人类文明记录的主要载体，出现了以宫廷、寺庙、书院及私人为主体的藏书阁。由于造纸术和印刷术，人类把认知的很多知识以文字等形式记录在纸质文献中，书籍成为知识信息的主要载体，当书籍数量累积到一定程度，多到人们无法仅凭记忆就能获取时，为了方便查找图书，就有了对书籍进行编目或做出书籍提要的需求，我国最早的书目文献《别录》就在这样的背景下诞生了，《别录》属于古代书籍提要叙录、传录、辑录3种体例中的叙录，是刘向整理宫廷图书编著而成的群书提要目录，到了清朝《四库全书总目提要》达到顶峰，最终发展成为我国图书目录的传统特色。因此，如何对书籍的文章进行编目、做提要，以及如何在群书中查找、定位、概括、评价、注释、校准信息成为准信息素养教育时代早期的主要教育内容。

这个时代后期，主要标志是现代意义公共图书馆的出现，代表性事件是1850年英国《公共图书馆法》立法和1852年曼彻斯特公共图书馆建立。我国现代公共图书馆大约在20世纪初出现，如建于1903年的武昌县华林文华学校图书馆，设有编目室、参考室、阅览室、报纸杂志室、书库和商学书籍、研究中国的外文书籍专藏室，对图书采用《杜威十进分类法》分编。1949年后，各省陆续建立了很多公共图书馆，各高校也建立了自己的图书馆，各图书馆为了方便读者使用图书馆收藏的大量文献资源，广泛开展读者教育，通过开设课程教读者如何用图书分类号查找图书资源、了解图书馆资源分布、如何利用图书馆等是准信息素养教育时代后期主要教育内容。

1.3 信息素养教育时代

自20世纪70年代，保罗·泽考夫斯基提出信息素养，拉开了当代信息素养教育发展的序幕，伴随着信息技术革命浪潮，当代信息素养教育发生了深刻的变化。此阶段最主要的特征是信息爆炸性增长所带来的信息查找、选择、处理和利用等问题，迫切需要社会成员必须具备信息素养，并且信息素养成为信息时代人们的元素养和创新能力必备的基本素质，对这种素养的培养成为当代图书馆利用教育时期的信息素养教育的最核心内容。有关这个时代的详细情况将在本章第二节作具体描述。

1.4 后信息素养教育时代

2018年4月，谷歌发布了一款全新的书籍搜索产品"Talk to Books"，通过此产品用户可以用对话的方式得到相关书籍的推荐，这个产品是典型的知识图谱技术（综合应用数学、图形学、信息可视化技术、信息科学等学科的理论与方法，结合计量学引文分析、共现分析等技术，采用可视化的图谱把学科的核心结构、发展历史、前沿领域及整体知识架构展示出来，达到多学科融合目的的现代理论；其主要功能是把复杂的知识领域动态发展规律通过数据挖掘、信息处理、知识计量和图形绘制等方式揭示出来，为学科研究提供切实有力的参考。）的应用，它赋予搜索引擎理解用户的问题和每一册书内容的能力，进而进行精准匹配。

随着智能搜索、知识图谱、人工智能、大数据等技术的发展，其中智能搜索以智能化为核心，实现智能地理解搜索需求，智能地呈现个性而精准的结果，这对以精准全面获取信息为主要教育内容的信息素养教育产生了强烈冲击，人与信息的关系完全转化成信息找人的状态，信息检索已然成为一种"傻瓜式"能力，不再需要专门的培养，这是否意味着信息素养教育不再被需要了呢？事实并非如此，技术的变化带来了信息素养教育内容的改变，如何表达信息需求，如何选择、管理和利用信息将是后信息素养教育时代的主要教学内容，信息素养教育时代正在或即将迈向后信息素养教育时代。

2. 信息素养教育变迁的根源与特征

如前所述，信息素养教育随着人类历史的发展，经历了信息素养教育前时代、准信息素养教育时代、信息素养教育时代及后信息素养教育时代，那么，推动信息素养教育变迁的力量来源于哪里？这种变化呈现出哪些特征？

2.1 信息素养教育发展的动力及根源

信息素养教育在世界范围得以广泛发展，其主要动力是社会发展对人素质的要求；其根源主要是信息技术的发展与利用及信息资源数量的激增，当然，这其中还有一股不可抹杀的力量来源于信息素养教育工作者的努力。

2.1.1 信息技术发展与利用是推动信息素养教育发生变化的根本原因

人类先后经历的5次信息技术变革成就了信息素养教育发展阶段，而且每次变革都积聚了大量的信息资源，尤其是近几十年掀起的第5次信息技术革命，即计算机与通信技术革命，更是为人类带来了海量信息，专门培养人们检索和利用信息的信息素养教育在此背景下得以迅速发展。

2.1.1.1 信息技术革命是信息素养教育变迁的基础

时至今日，人类经历了5次信息技术革命：第1次以语言的产生和应用为特征；第2次以文字的产生、纸张的发明和使用为特征；第3次以印刷术的发明为特征；第4次以电信传播技术的发明为特征；第5次以电子计算机和通信技术的出现为特征。

这些变革促使信息的记录手段、记录载体、传播方式等发生变化，例如：信息载体经历了从人体到纸张再到磁性材料的变化；传播方式从口口相传到以书为媒介再到网络传播。这样的变化对人类的信息素养水平也提出了相应的要求，5次信息技术革命中，相较而言，第2次和第5次对人类的信息素养水平要求较高。文字的产生和纸张的发明，带动书籍的产生和发展，书籍阅读需要文字功底，专司教育功能的学校也就应运而生；计算机技术、信息数据化技术和通讯网络化技术，引领了知识和信息爆炸的时代，迫使人们深陷在信息汪洋大海中，为了有效从信息海洋中找到针对性强的有用信息，接受一定程度的专门培训或教育无疑是最佳途径，于是信息素养教育就被推到了教育的前沿。

2.1.1.2 信息的数量、类型、载体和存取技术等的变化是信息素养教育发展的根源

首先，信息技术发展导致人类社会的信息量激增，所谓的"信息爆炸""信息超载""信息泛滥"都是对信息社会信息量的表述，当今社会信息数量已经非常庞大，然而它仍以几何级数的速度在不断增长。其次，信息类型、载体和存取技术多样化。最后，网络技术发展，尤其是5G时代到来，信息传播速度极快，"地球村"的概念已经形成，"蝴蝶效应"越来越明显，导致一方面我们沉溺于信息海洋，似乎有取之不尽的信息；另一方面，我们却在信

息海洋中取不到一瓢可以解渴的水，因为面对数量巨大的信息，当我们真正需要以信息为依据作出决策时，又倍感无奈、彷徨和无措，正如美国未来学家约翰·奈斯比特（John Naisbitt）描述的那样，我们生活在信息的海洋中，却仍渴求知识。信息社会里，人们的成功越来越取决于对信息的占有，这就要拥有发现、识别、筛选、加工、利用信息和知识，并将信息和知识与个人职业及生活结合的能力，这种能力就是信息素养，培养这种能力的信息素养教育便有了用武之地。

2.1.2 人的信息素养在信息社会发展中的作用是推动信息素养教育发展的动力

信息技术发展促进人类进入信息时代，基于信息的创新成为创造财富的源泉和社会进步的动力。在非信息社会中，人们在竞争博弈时，社会信息极不对称，掌握信息资源的博弈者能够从中获取大量的财富，而其他的博弈者只能获得较少的财富甚至丧失财富；在信息社会中，人们通过网络能够获得近乎等量的信息资源，信息相对对称，博弈者间所获得的财富差异不再取决于信息掌握量，而基本上由创新能力决定，基于信息的创新能力真正体现了人的知识和智慧的价值。因此，在信息时代，人们获取、分析和利用信息的能力就显得尤为重要，正是这种社会的需求成为推动信息素养教育发展的动力。

2.1.3 信息素养教育工作者的努力推动信息素养教育进步

信息素养教育能得以发展进步离不开信息素养教育工作者的努力，这其中包括从事教学的一线教师、管理信息素养教育的政府官员及倡导信息素养教育的图书馆管理员等，他们都在推动信息素养教育发展中发挥了重要的作用，正是他们的努力，使得信息素养教育在很多国家成为教育体系顶层设计中的重要一环，推动着信息素养教育不断向前发展。

2.2 信息素养教育演变特征

纵览信息素养教育4个发展时代，由于信息技术的发展及应用，信息以语言、文字，到如今以"比特"的数字形式记录并传承下来，积累了大量的信息资源。在这个过程中，为了更好地利用已积累的信息资源，人类不断调整和适应与信息之间的关系，从自发萌生的信息需求到自觉的信息查找再到信息迎合人的需求，信息素养教育发展呈现以下演变特征。

2.2.1 信息素养教育目标表现为自发向自觉转换的变化特征

人类进入工业社会和信息社会后,知识和信息才出现爆炸式增长,在此之前知识和信息的积累相对比较缓慢,在信息素养教育前时代,人与信息完全处于朦胧状态,人类自发地接受、学习和利用信息;随着信息技术的发展和应用,人类越来越意识到信息积累、获取和利用的重要性,并自觉将这种能力的培养纳入教育体系中,尤其是近几十年,人类真正步入信息素养教育时代,这种自觉性提升到了新的高度。具体包括:教育理念自觉地由简单的文献检索向现代信息素养教育观念的转变;自觉充实教育内涵从文献的查寻、获取和选择为主转向信息的评价、管理、分析,并将批判性思维、信息的创造和集成、民众意识和精神的培养等纳入信息素养教育的内涵;自觉地利用信息技术成果,从传统手工检索工具向计算机检索系统、文献管理分析系统转变,等等。

2.2.2 信息素养教育内容呈现不断升级换代的变化特征

信息素养教育在变迁过程中,其教育内容亦呈现出随技术的变化而不断升级换代的特征。古人类信息素养教育内容主要涉及自然或社会信息的传递和分享;到以农业生产为主的封建社会,信息素养教育更多局限于如何获得一本书的能力;再后来就是一些纸质文献信息检索工具的使用;直到计算机出现,人类逐渐摆脱手工查找信息的麻烦,数据库自动匹配检索替代传统手工工具检索,走到信息素养教育的台前;互联网技术的应用,促进信息素养教育彻底摒弃了手工检索工具,取而代之的是网络数据检索和分析,信息的管理、分析和利用成为信息素养教育的主旋律;移动终端、智能搜索、知识图谱等技术的应用,再次将信息素养教育推到风口浪尖,如何让信息素养受教育者更从容地创造信息、创新性地利用信息将成为后信息素养教育时代的重头戏;相信在不久的将来,信息素养教育内容将向更纵深的方向发展,成为现代社会教育体系最基础和最顶尖的教育层次的重要组成部分。

2.2.3 信息素养教育手段呈现不断运用现代化教育设施的变化特征

信息素养教育是高等教育体系的组成部分,其教育手段势必跟随现代教育所应用的工具和手段的进步而进步,同时,信息素养教育有其独特性,其教育过程与高校图书馆的关系密切,因此,其教育手段和工具还随着图书馆资源管理技术的变化而变化,最显著的变化是由传统的黑板粉笔、纸质手工工具向多媒体、电子幻灯片、网络数据库的转化；电脑、手机等各类现代电子设备及QQ、微信等数字社交媒体被广泛应用于信息素养教育，很显然，信息素养教育手段呈现出不断运用现代化教育设施的变化特征。

第2节 信息素养教育时代总览

如前文所述，1974年，美国信息产业协会主席保罗·泽考斯基提出"信息素养"概念的同时就提出10年内在美国实施普及信息素养的教育目标，标志着人类的信息素养教育迈向信息素养教育时代，经过几十余年的发展，信息素养教育在世界范围的发展呈现出不均衡的状态，总体发展概况如下。

1.国外信息素养教育简况

美国在信息素养教育方面一直引领世界发展的潮流，从早期提出的"信息素养教育标准"到近年提出的"信息素养教育框架"都在世界范围内引起极大反响，欧洲、澳洲及亚洲的日本等国紧随其后，各国信息素养教育对我国的信息素养教育的发展起着非常重要的指导性作用。

1.1 美国信息素养教育全景

美国是信息素养教育的发祥地，发展到现在，因其起步较早、受众面广、教育体系完整，无论是在中小学到大学各教育阶段，还是面向公民层次的信息素养教育与研究都走在世界前列，取得了丰富的经验与成果。通过对相关文献的梳理，笔者从美国信息素养教育理论构建和信息素养教育实践两条线索力图清晰描绘美国信息素养教育发展全景。

1.1.1 美国信息素养教育理论体系构建发展状况

为了更好地诠释美国信息素养教育理论体系的构建，从大致三个递进层次来描述其发展，即自各类信息素养教育相关组织或机构组建，到在这些组织或机构推动下各种学术活动开展，再到形成完整的信息素养教育体系。

1.1.1.1 强有力的组织机构保证了美国信息素养教育理论体系的建构

美国先后成立诸多组织或机构推动信息素养教育和研究，其中比较重要的有：1987年成立的"信息素养总统委员会"、1990年成立的由75个教育部门组成的"国家信息素养论坛"、美国高等教育协会成立的"信息素养教育行动委员会"、美国大学与研究图书馆协会（ACRL）成立的"高等教育信息素养能力工作小组"、2004年6月由美国高等教育协会主办的国家信息素养论坛在华盛顿举行会议期间，成立的旨在利用信息和通信技术促进国际在信息素养教育与研究方面的交流与合作的"世界信息素养联盟"。

这些专门的组织机构不遗余力地推动信息素养教育的发展，总体上讲，美国信息素养教育注重顶层设计，而且措施有力。

1.1.1.2 组织机构开展的学术活动为信息素养教育理论体系构建打下基础

除了上述专门的信息素养教育组织或机构外，美国与图书馆、计算机及通信相关的各级协会与这些专门机构携手开展了一系列有影响力的信息素养教育学术及调研活动，出现了一批卓有成效的成果，主要有。

1989年"信息素养总统委员会"出版的《总结报告》；1994年到1995年，美国通过调查评估了全美3236所大学开展高校课程设置结合信息素养程度情况；1998年3月，ACRL发表了《信息素养教育进展报告》；1998年，AASL（美国学校图书馆协会）和AECT（美国教育传播与技术协会）联合出版了《信息能力：创建学习的伙伴》。

进入21世纪，随着网络技术的应用，2001年5月ACRL利用网络调查了全美高等教育机构的信息素养教育所形成的总结报告及调查结果对美国甚至世界范围内的信息素养教育都有很重要的推进；2003年6月ACRL通过了"最佳信息素质教育项目特征"；2009年，美国当时的总统奥巴马宣布每年十月份为国家信息素养宣传月；2014年8月，莫瑞谷社区大学和德保罗大学的图书馆联合主办以"进入下一代：信息素养的未来"（Into the Next Generation：The Future of InformationLiteracy）为主题的信息素养峰会等。这些学术活动为美国信息素养教育体系构建奠定了基础。

1.1.1.3 美国信息素养教育理论体系结构

美国图书馆和教育界与时俱进，在充分的调研基础上，构建了从小学到大学生、从普适到专业化、从全日制大学到社区大学的完整信息素养教育指导体系。

在中小学信息素养教育方面：1998年，美国学校图书馆协会和美国教育交流技术协会率先颁布针对美国中小学信息素养教育的指导方针《学生学习的信息素养标准》（Information Literacy Standards for Student Learning）。

在高等教育信息素养教育方面：2000年1月，ACRL发布了在美国沿用了15年，并被其他国家广泛采用信息素养教育实践的纲领性文件《高等教育信息素养能力标准》（Information Literacy Competency Standards for Higher Education）；2002至2004年，ACRL下的STS（科学技术分委会）工作组在《高等教育信息素养能力标准》的基础上编制并发布了《科技信息素养标准》（草案）（Information Literacy Standards for Science and Technology）；2006年开始，ACRL陆续出台了科学、工程与技术领域、英美文学专业、人类学与社会学、政治学专业、心理学等针对不同学科领域的信息素养标准；ACRL于2015年2月颁布了《高等教育信息素养框架》开启了互联网+时代的信息素养教育新格局，《高等教育信息素养框架》以其开放性、包容性和前瞻性再次掀起信息素养教育新浪潮。

针对社会大学，2008年，美国社区学院协会（AACC）发表信息素养立场声明，要求社区大学的教师应该与图书馆和学习资源的工作人员合作，促进信息素养教育发挥成效；社区大学应该向所有学生进行信息素养技能培训。

1.1.2 美国的信息素养教育实践

再完美的教育理论，不落到实处都是没有任何意义的，美国开展信息素养教育理论体系建构的过程，实质也是落实教育理论的过程，理论与实践交织，不断推动信息素养教育迈向新台阶。美国的信息素养教育实施过程，实践案例丰富，特别是顺应信息技术的变化，创设了五花八门的信息素养教育项目，引领世界信息素养教育新潮流。纵观美国信息素养教育实践活动，实际上是很多样化和个性化的，为了全面描绘美国信息素养教育概貌，笔者简单归纳出其以下特点。

1.1.2.1 早期，美国信息素养教育实践以开设课程为主

早在1983年，美国科学家霍顿提出教育部门要开设信息素养课程的建议，自此，图书馆的用户教育逐渐被信息素养教育所取代，全美中小学校、高校陆续开设信息素养教育课程。例如：1985年美国科罗拉多大学丹佛分校图书馆直

接把图书馆用户教育定位为培养学生信息素养；1988年美国的迈克·艾森堡（Mike Eisenberg）博士和鲍勃·伯克维茨（Bob Berkowitz）博士共同创立的"Big6技能（旨在培养学生信息素养、基于批判性思维的信息问题解决系统方案）"已作为一门课程在美国中小学中推广普及；马萨诸塞州的韦尔斯利学院面向全校学生开设CS100信息素养教育课程并实施信息素养认证考试等。

1.1.2.2 通过多渠道、多方合作方式开展信息素养教育项目建设

美国从20世纪90年代中期开始信息素质教育项目最佳要素研究，2003年6月ACRL通过了"最佳信息素质教育项目特征"，此文件是指导美国信息素养教育项目建设实践的重要文献。

信息素养教育项目主要是依托Web2.0技术，开展在线教育，美国高校在建设信息素养教育项目时采取多渠道、多方合作的方式：有的项目如犹他州大学图书馆联盟（UALC）网络导航课程是在原有图书馆联盟的基础上合作开发的信息素养教育项目；有的项目则使用大学系统，如德克萨斯信息素养教育指南（TILT）是在德克萨斯州大学系统数字图书馆的资助下开发的基于web的信息素质教育在线项目，该项目的设计形式和内容的创新性和互动性很好，获得2000年ACRL用户教育教学创新奖，是全美使用最广、评价最好的信息素养在线教育平台；有的项目则是不同图书馆协会合作开发的，如L2L和SPIRIT项目等则是ACRL和AASL合作开发的项目；有的项目则是图书馆与校内院系合作开展的，如加利福尼亚州立大学（CSU）信息能力项目是由加利福尼亚州大学5所分校开发的多校园信息能力培养计划项目；有的项目则通过图书馆与校内外机构合作开发，如华盛顿大学的Uwired项目等。

1.1.2.3 信息素养教育实践注重创新教育的方式方法

在信息素养教育实践过程中，美国人重视广大用户的需求，运用信息技术发展成果，借鉴最新的教育手段，创新了信息素养教育方式方法。

1.1.2.3.1 基于游戏的寓教于乐教学方式

为了提高广大学生对学习信息素养知识的兴趣，美国大学的信息素养教育在线课程加设了游戏模块，如印第安纳宾夕法尼亚大学图书馆用于学习科研诚信而开发的Planet in Peril游戏；为了广大学习者能轻松有趣地提升信息技能，美国德克萨斯州立大学图书馆开发了TILT游戏、印第安纳波利斯大学图书馆开

发了Info Hound游戏等。

1.1.2.3.2 基于互联网的幕课教学形式

近年兴起一种新的网络视频教学模式"幕课"（massive open online course，MOOC）被美国信息素养教育界应用于教学实践，如在"幕课"平台Canvas net上线的课程《掌握学术研究：成功学生的信息技能》是由佛罗里达科技大学开设的；加州理工学院在"幕课"平台edX开设《从数据中学习》课程。

1.1.2.3.3 嵌入式教学模式

嵌入式教学方法，主要将信息素养教育与专业课程教育对接，培养学生获取和挖掘本专业领域的历史及发展前沿的能力，如奥斯丁佩伊州立大学把在线多媒体素养辅助课程嵌入到传媒与戏剧系研究生学位课程里；纽约大学护理学院与图书馆学科馆员合作，在5门核心护理硕士课程里嵌入信息素养教学模块。

1.1.2.3.4 翻转课堂教学模式

加利福尼亚大学伯克利分校图书馆借鉴起源于美国的翻转课堂教学模式，将其应用于信息素养教学，具体做法是在课堂教学前事先布置学生的学习任务，这样学生能较好地接触学习资料和准备课堂发言的话题，课堂教学则重点在通过互动促使学生更多地参与课堂学习，为学生赢得更多在课堂进行高水准练习和讨论的机会，这种教学模式有效增加了学生参与学习的概率，提供了更多学习体验。

1.1.2.3.5 探究性学习方法的应用

美国高校提出在课程教学中要将问题框架、信息素养、迭代探究三个要素纳入学生的学习过程，这种探究式学习方式的盛行，使信息素养教育再次谋求拓展自身教育内涵的新途径，成为探究式学习过程中不可或缺的工具。比较成功的案例有纽约市立大学亨特学院图书馆所构建的指导探究式学习的工具包网站，该网站设置了"我的研究问题是什么？""我如何发现学习资料？""我如何阅读这些资料？""我如何在我的论文中使用这些资料？"等迭代性而非流程式的问题栏目，其目的是打破学生的线性思维惯性，深入到迭代学习的探究中去，重点提供了发现问题、获得信息、阅读信息及利用信息的一系列信息整合能力培养的方案。

1.2 澳洲的信息素养教育简况

澳洲主要国家澳大利亚和新西兰是较早开展信息素养教育的国家，继美国1989年发表《信息素养主席委员会总结报告》之后不久，澳大利亚联邦教育、科学与培训部发布的《高等教育机构图书馆的职能》明确将开展信息素养教育纳入高等教育机构的职责范畴；澳大利亚与新西兰信息素养研究学会在研究美国《高等教育信息素养能力标准》的基础上，颁布了《澳大利亚和新西兰国家信息素养评估框架》（下称《澳新框架》），2004年，在高校信息素养教育理论与实践反馈的基础上，融入新思想和思路，修订和补充了《澳新框架》，重新颁布了《澳大利亚与新西兰信息素养框架：原则、标准和实践》，该文件将所有社会公民都纳入信息素养教育受众范围，罗列了4条信息素养教育中心原则和6条帮助个体具备信息素养的具体表现标准。

1.3 英国信息素养教育概况

英国是世界范围内最早将现代意义的信息素养教育纳入高校教育培养体系的国家，最早可追溯到1981年牛津大学召开的一次国际性会议期间探讨了有关不同教育阶段学校图书馆对用户进行信息检索能力的教育问题，虽然当时用的是"信息检索能力"一词来表达信息素养。

英国致力于信息素养教育的机构主要有：国家和大学图书馆协会（SCNUL）旗下于1990年成立的信息素养咨询委员会（ACIL）、英国图书馆与情报专家协会（CILIP）下属的社会服务信息素养小组和2003年英国继续教育与高等教育基金委员会成立的英国联合信息系统委员会（JISC）。

英国的信息素养教育研究呈点状分布，主要研究成果和项目有：ACIL 1997年根据调研结果撰写的《高等教育信息技能意见书》和1999年提出的《高等教育中的信息技能——7项指标》；2006年社会服务（CSG）信息素养小组注册并承办OA（开源）期刊《信息素养杂志》；英格兰地区在2003年成功立项了为期6年的《苏格兰信息素养项目》，该项目主要是将信息素养教育嵌入英格兰教育体系中，主要成果包括2004年提出的中学与大学间信息素养教育衔接研究计划、2005年8月提出的《苏格兰民族信息素养教育框架》、2007年8月搭建完成的各教育阶段信息素养教育合作网、2008至2009年启动职场素养和终身学习研究计划等；威尔士地区有关信息素养教育研究较迟，源于2009年底在威尔士大学召开的"Gregynog信息素养大会"而立项的《威尔士信息素养项目》，该项目主要以卡迪夫大学为基础促进威尔士地区及民族的信息素养教育发展。

1.4 信息素养教育在日本

日本的信息素养教育总体上呈现稳定、连续的特点。日本在1985年召开的"回应信息化社会的初等、中等教育和各方调研协作会议"就提出了信息素养教育的必要性；但信息素养教育真正被重视是在1986年日本临时教育审议会的《关于教育改革的第二次咨询报告》中被公开提出；1990年日本文部省率先发行了《关于信息教育的指南》；1992年日本全国学校图书馆协会提出了"利用资料和信息的学习方法"的体系表；1996年7月，日本中央教育审议会在《面向21世纪我国教育的发展方向》报告中在论述信息化教育时把培养学生"信息综合能力"的必要性放在首位，并提议将全国信息教育中心设在国会教育会馆；1998年日本图书馆协会出版了《图书馆利用教育准则》，同年京都大学在图书馆支持下在全校开设"信息探索入门"课程，并逐渐推广至全国的各个大学；进入21世纪，"信息素养"等在内的"信息相关"课程成为日本全国大学的必修课程，各高校参照美国《高等教育信息素养能力标准》并结合各校的实际制订各自的信息素养能力标准指导信息素养教育，在各高校实践的基础上，日本国立大学图书馆协会和教育学习支援检讨特别委员会于2014年7月联合公布了日本的《高等教育信息素养标准》。

前文介绍了信息素养在美洲、欧洲、澳洲及亚洲一些代表性国家的情况，事实上，信息素养教育在世界范围都是备受关注的，国际性组织陆续召开信息素养教育相关专题会议。2003年9月，联合国教科文组织召开的首届信息素养专家会议上发布了"布拉格宣言：走向信息素养社会"，信息素养成为人们投身信息社会的先决条件。2005年11月，国际图书馆协会联合会（IFLA）和联合国教科文组织（UNESCO）在埃及联合召开的国际高级信息素质和终身学习研讨会，发表了著名的《信息社会灯塔：关于信息素质和终身学习的亚历山大宣言》，这些掷地有声的宣言引领了信息素养教育国际化潮流，推动国际社会信息素养教育的研究和推广。此外，除了上述对信息素养教育研究和实践较多的国家外，还有像新加坡、墨西哥、瑞典、加拿大、斯里兰卡等很多国家都很重视信息素养教育。

2. 中国信息素养教育现状

我国一些学者研究认为：与信息素养教育相关的文献学知识，尤其是文献编目和检索的知识在古代已经有所积累，但正规的文献检索知识的教学可追溯到20世纪30年代浙江大学开设的"杂志报告"课，虽然，当时的教育未冠名信息素养教育，处于准信息素养教育时代，但已很逼近信息素养教育了。多年来，我国一直倡导在中小学开展素质教育，并开设了一些计算机通信网络相关课程，然而信息素养教育工作仍主要集中在高等教育阶段，在信息技术推动下，伴随图书馆事业自身的不断发展，信息素养教育逐渐成为高等教育体系的组成部分，我国信息素养教育也从文献检索与利用的准信息素养教育时代迈向全方位的信息素养教育时代。

由于中国幅员辽阔、各地区发展不平衡等因素，要全面描绘中国信息素养教育发展轨迹实属不易，对此，笔者尝试采取简单叙述中国信息素养教育总体发展简况与详细解读福建农林大学图书馆信息素养教育发展轨迹相结合的方式，通过点面结合、以点带面的形式展示中国高校信息素养教育的发展图谱。

1.1中国信息素养教育全貌

我国高校信息素养教育起步较晚，在发展理念、模式等方面受国外尤其是美国的影响颇深，因信息素养教育的独特性（即信息素养教育一方面依托图书馆资源，受图书馆业务牵制；另一方面信息素养教育纳入高校人才培养系统，受高校教学体系的掣肘），更让高校信息素养教育工作者无所适从的是技术的变化所带来的挑战，总体发展可谓举步维艰，各高校发展参差不齐。

2.1.1 促进中国大学信息素养教育发展的人为因素

在我国，"信息素养"一词最早出现在1989年熊杨华发表的期刊论文《浅议企业经营者市场信息素养》中；"信息素养教育"则更迟，是在1995年，由金国庆提出的。但我国的信息素养教育活动远远早于信息素养及信息素养教育概念提出时间，这主要得益于管理层、高校图书馆及高校图书馆馆员的推动，我国信息素养教育在很长一段时间以"文献检索与利用"课程为主，主要对象是高校在读大学生和研究生。

2.1.1.1 中国管理层推动信息素养教育在高校普及

开展这方面工作的中国管理层主要是教育部，从两个方面与时俱进推进信息素养教育发展。

一方面，教育部关注信息技术对人才培养的影响，与时俱进陆续颁布了若干文件奠定了"文献检索与利用"课程开课的政策背景。

早在1981年10月，教育部就颁布了《中华人民共和国高等学校图书馆工作条例》（以下简称《条例》），《条例》第一章第二条"开展查阅文献方法的教育和辅导工作"明确规定"教育和辅导读者查阅文献"为高校图书馆工作任务之一。

教育部密切关注国外教育动态，在1984年2月，教育部印发《关于在高等学校开设文献检索与利用课的意见》的通知，文件指出，根据国外的做法和我国部分高校近几年的经验，在高校开设"文献检索与利用"课程很有必要，各高等学校（包括社会科学和理工农医各专业院校）应当积极创造条件，开设"文献检索与利用"课。有条件的学校可作为必修课，不具备条件的学校可作为选修课或先开设专题讲座，然后逐步发展、完善。研究生更应该补上这一课。文件还对课程开课内容、课时、教学软硬建设等给出指导意见，文件还明确"教育部将由全国高校图书馆工作委员会负责这门课程的研究、总结与交流等工作"，在此文的推动下，高校纷纷开设了"文献检索与利用"课程。

随后，1985年9月和1992年5月陆续出台了《关于改进和发展文献课教学的几点意见》和《文献检索课教学基本要求》，提出了文献检索课程"要逐步实现分层次连续教育"的教学指导意见；对文献检索课的课程性质、教学目的和要求、课程组织计划、教学检查评估有了更细致而全面的规定，成为各文献检索课教学单位制定教材和评估教学效果的参考标准。

在政策的指导下，2000年后，对信息素养及其教育的研究渐入高峰期，新生入馆培训、文献检索的方法和有关信息培训的专题讲座等渐渐成为高校图书馆开展信息素养教育的方式，信息素养教育逐渐普及并被纳入高等教育体系中，成为高校教育体系组成部分。

2002年，教育部更加规范信息素养教育，将文献检索教学课改为信息素质教育课程。

2005年，中国科学技术信息研究所制订了《高校学生信息素质综合水平评价指标体系》、北京高校图书馆学会制订了《北京地区高校信息素质能力指标体系》等。

2017年，教育部高校图工委信息素养教育工作组发布了《关于进一步加强高等学校信息素养教育的指导意见》，从信息素养教育内容、形式、条件、评估和实施意见五个层面指导高校信息素养教育的开展。

另一方面，管理层对人才培养的素质要求，促进信息素养教育的普及。

教育部1998年颁布的《普通高等学校本科专业目录和专业介绍》，列举了249个专业，其中占比近88%的218个专业，在"业务培养要求"内容中有的要求"掌握文献检索、资料查询的基本方法"，有的要求"掌握资料查询、文献检索及运用现代信息技术获取相关信息的基本方法"；1999年6月，中共中央、国务院出台的《关于深化教育改革全面推进素质教育的决定》指出，要重视培养学生收集处理信息的能力、获取新知识的能力等信息素养，很显然，信息素养成为高等教育人才培养体系不可缺少的部分。这些都是国家管理层面促进信息素养教育普及的力量。

此外，各省教育厅设置的高校信息素养委员会也是促进信息素养教育的一股力量，发挥落实、组织和指导各省高校信息素养教育活动。

2.1.1.2 大学图书馆是支撑我国信息素养教育发展的坚强后盾

由于信息素养教育的独特性，它的教育过程离不开信息资源作保障，高校图书馆或高校图书馆联盟是高校信息资源保障的中心，不仅为信息素养教育提供丰富信息资源，还为信息素养提供硬件设施（如实习所用的实习室及电脑、网络设备）、配备师资（绝大多数信息素养教育教学任务由图书馆馆员承担完成），离开了高校图书馆，信息素养教育举步维艰，因此大学图书馆是支撑信息素养教育发展的最坚强后盾。

2.1.1.3 图书馆员是实施和研究中国信息素养教育中坚力量

一直以来，我国高校的信息素养教育任务都是由高校图书馆承担的，高校图书馆组织馆员或专职或兼职从事信息素养教育，我国信息素养教育的研究和发展与图书馆馆员的努力息息相关。

2.1.2 中国信息素养教育理论研究概况

国内关于信息素养教育的学术论文大致可以追溯到金国庆发表在《图书情报工作》1995年第6期的《信息社会中信息素养教育概述》一文，这篇文章首次介绍了信息素养的含义和信息素养教育的目标和措施。笔者采用文献计量学的方法，从定量和定性两个角度出发，利用FULink数据库平台对1995年到2018年间有关信息素养教育研究的图书、期刊论文、学位论文及会议文献资料进行分析，力图对我国信息素养教育理论研究的总体趋势及内在构成作一个全面的描述。

2.1.2.1 文献来源

选用"信息素养教育"为检索词，字段限定在关键词或标题，匹配方式均为"精确"，通过FULINK平台的高级检索，检索策略如图4-1。

图4-1 信息素养教育检索策略

通过上述检索策略共检索出3192条结果，其中图书16册、期刊论文2870篇、学位论文70篇、会议论文236篇，近90%的信息素养教育研究成果以期刊论文形式发表，以下将重点以期刊论文为分析对象研究信息素养教育的研究趋势及内在构成。

2.1.2.2 我国信息素养教育研究相关论著发文趋势

2.1.2.2.1 图书出版趋势

有关信息素养教育研究的图书检索出16册，最早的相关图书是2006年由梁欣、李雪君、王珏编著的《信息素养教育》；2017为信息素养教育研究图书出版的高峰，有5册图书出版，具体数据如下（见表4-1信息素养教育相关图书年份数量表），学术发展趋势见图4-2。

表4-1 信息素养教育相关图书年份数量表

年份	2006	2007	2008	2009	2010	2011	2012	2013	2014	2015	2016	2017	2018
数量	2	0	1	1	2	0	1	1	0	1	2	5	0

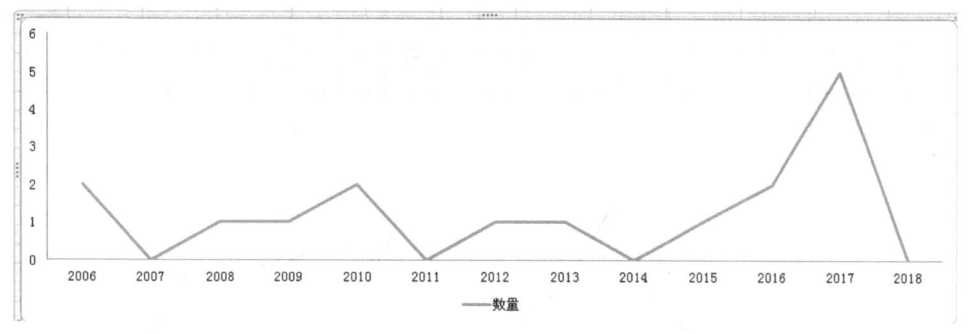

图4-2 "信息素养教育"——图书学术发展均势图

2.1.2.2.2 学位论文

有关信息素养教育研究的学位论文检索出70篇，有学位论文产出，说明有关信息素养教育研究上了一个台阶，最早年份为2000年，仅1篇博士学位论文，产出高峰期依次为2012年、2015年、2007年，具体数据如下（见表4-2信息素养教育相关学位论文年份数量表），学术发展趋势见图4-3。

表4-2 信息素养教育相关学位论文年份数量表

年份	2000	2001	2002	2003	2004	2005	2006	2007	2008	2009	2010	2011	2012	2013	2014	2015	2016	2017	2018
数量	1	0	2	2	3	4	7	8	5	6	2	7	9	2	1	8	4	2	1

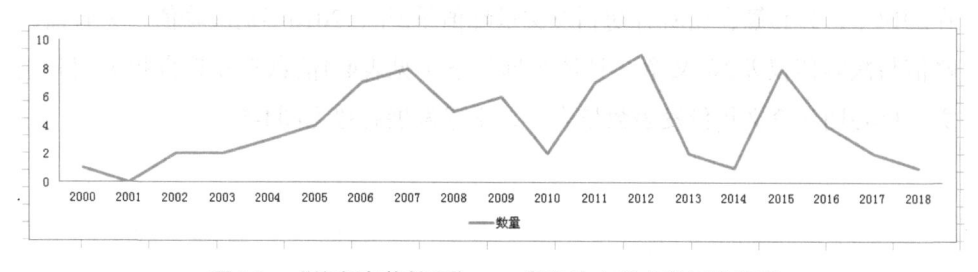

图4-3 "信息素养教育"——学位论文学术发展均势图

2.1.2.2.3 会议论文

有关信息素养教育研究的会议论文检索出236篇，最早年份为2000年，产出高峰期为2010年，具体数据如下（见表4-3信息素养教育相关会议论文年份数量表），学术发展趋势见图4-4。

表4-3　信息素养教育相关会议论文年份数量表

年份	2000	2001	2002	2003	2004	2005	2006	2007	2008	2009	2010	2011	2012	2013	2014	2015	2016	2017	2018
数量	1	1	1	1	3	9	33	15	8	16	42	20	25	20	19	19	2	1	0

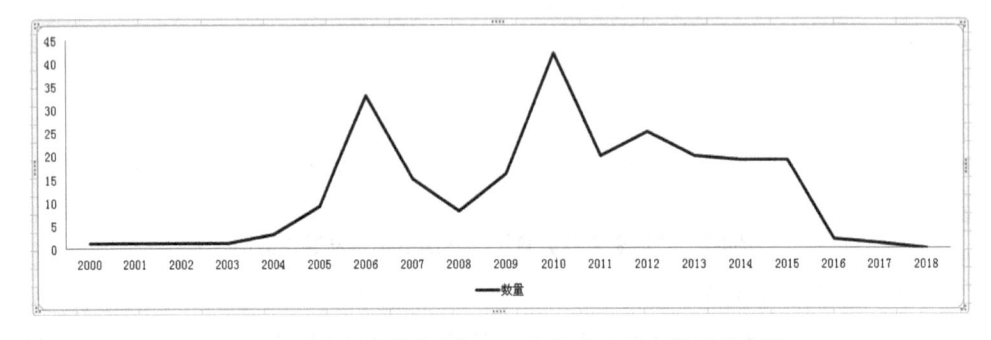

图4-4　"信息素养教育"——会议论文学术发展均势图

2.1.2.2.4 期刊论文

有关信息素养教育研究的期刊论文检索出2 870篇，其中在北大核心期刊发表的论文有472篇，占比约16.45%，1995年金国庆发表国内第一篇相关论文，接下来是2年的沉寂；从1998年至2004年所有期刊发表的相关论文数量陆续缓慢增长；2004年开始所有期刊发表的相关论文数量呈大幅增长态势；2016年达峰值271篇，随后小幅回落；核心期刊发表的论文数量随年份增长态势相对于所有期刊发文数量而言要平缓得多，总体态势与所有期刊发表的论文近似，峰值在2014年，为43篇，比所有期刊发文量峰值早2年，2016年是次峰值，为41篇，峰值与次峰值仅差2篇文章。具体数据如下（见表4-4信息素养教育相关期刊论文、核心期刊论文年份发表数量表），学术发展趋势见图4-5。

表 4-4 信息素养教育相关期刊论文、核心期刊论文年份发表数量表

年份	所有期刊发文量	核心期刊发文量
1995	1	1
1996	0	0
1997	0	0
1998	5	1
1999	7	1
2000	16	3
2001	32	13
2002	28	3
2003	35	11
2004	42	12
2005	82	21
2006	125	27
2007	154	23
2008	145	33
2009	163	16
2010	186	35
2011	181	37
2012	202	30
2013	246	31
2014	244	43
2015	263	36
2016	271	41
2017	235	27
2018	207	27
合计	2870	472

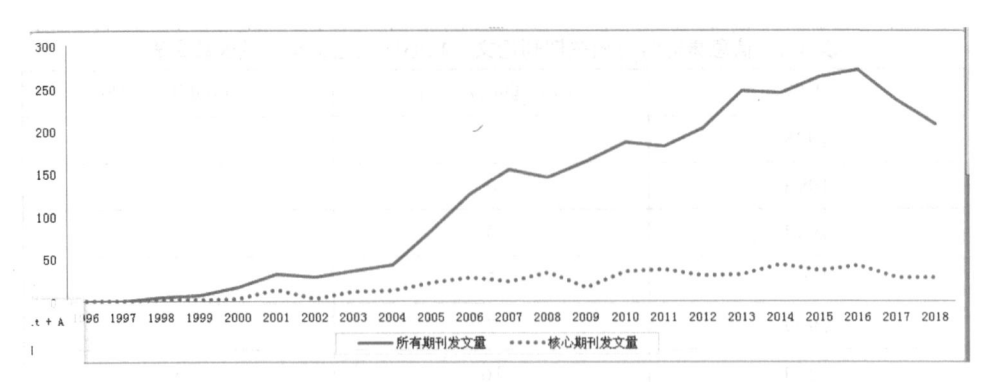

图4-5 "信息素养教育"——所有期刊、核心期刊学术发展趋势图

2.1.2.3 中国信息素养教育研究知识图谱

通过对期刊论文关键词、作者机构分布及发文基金的情况等分析，中国信息素养教育研究呈以下特征。

2.1.2.3.1 高校既是信息素养教育研究主体又是主要研究对象

一方面，从发文机构来看，在检索出的2 870篇期刊论文中，发文量前50位的机构均为高校，发文最多的机构是武汉大学，发表了28篇，有15篇发表在核心期刊，高校尤其是高校图书馆是开展信息素养教育研究的主体（详见图4-6）。

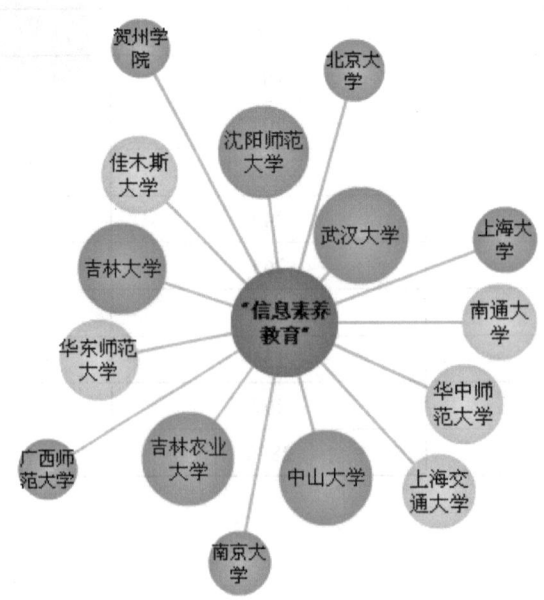

图4-6 信息素养教育——发文机构TOP15分布图（来源FULink平台）

另一方面，从论文关键词的出现频率来看，高校图书馆、大学生、高职院校分别出现537、359、90次，高校大学生的信息素养教育是中国信息素养教育的主要对象（详见图4-7）

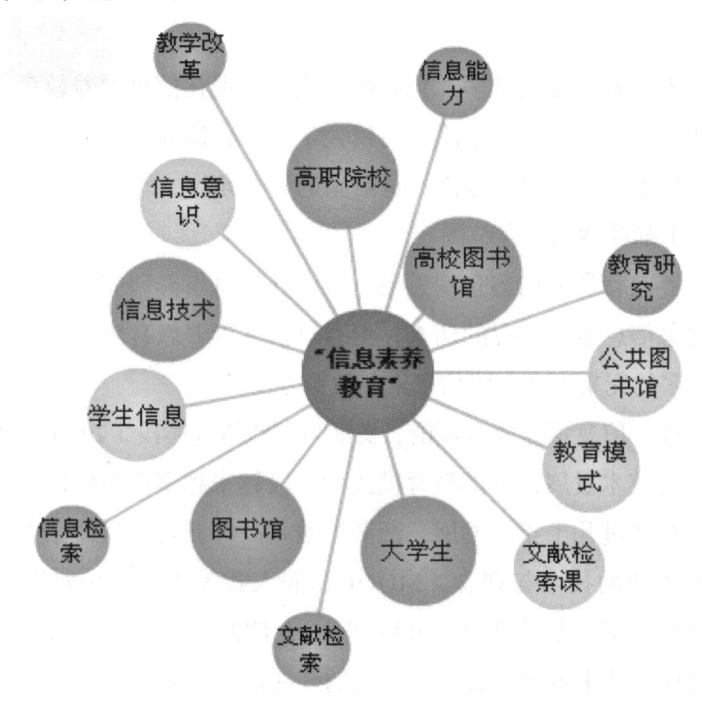

图4-7 信息素养教育——关键词频度TOP15分布图（来源FULink平台）

2.1.2.3.2 信息素养教育研究内容呈现时代变化特征

黄蕾（2015）分析了1995—2015年中国"信息素养（质）教育"相关期刊文献，将国内20年来对信息素养教育的研究分为三个阶段，即1995—2001年，信息素养教育的初步探讨阶段；2002—2010年，信息素养教育的深化阶段；2010—2014年，在理论和实践层面开展信息素养教育阶段，并分析了各阶段的特点。

笔者在黄蕾的研究基础上将信息素养教育研究按年代分为以下三个阶段。

第一阶段，信息素养教育起步研究阶段（1995—1999年）

在20世纪九十年代，有关信息素养教育的研究论文仅14篇，研究内容比较粗浅，主要集中在对信息素养及其教育概念的厘清、信息素养教育的意义、高校图书馆在信息素养中的作用等方面，该阶段的研究成果站在现在的角度看比较简略，但它开启了我国信息素养教育研究的先河，引领了后续研究的方向。

第二阶段，信息素养教育百花齐放研究阶段（2000—2009年）

这个阶段，发文量822篇，信息素养教育研究所涉及的内容呈现出以下特征。

信息素养教育研究呈现多元化特征。主要表现在信息素养教育研究对象更为细化，从对象的教育程度上除了高校大学生外，研究生、中小学生、教师等都被纳入信息素养教育研究范围；从对象的专业角度，军校类、医学类、农业类等高校学生都被纳入研究范围。

信息素养教育研究内容包罗万象。有国外信息素养研究内容的引入，有对各类教育对象信息素养状况的调查，更有对信息素养教育内容、教育方式的研究，还有很多的究集中在在线信息素养教育方面。

第三阶段，信息素养教育理论、实证与实践研究阶段（2010—2018年）

随着信息技术发展，新的教育模式和手段越来越多地被应用于教育领域，信息素养教育经过几十年的发展，渐渐被纳入高等教育教学体系中，在教学实践中逐渐融入新的技术与理念，MOOC、嵌入式等成为这个时期信息素养教育研究的高频词汇，翻转课堂、互联网+、大数据等关键词在信息素养教育研究论文中出现，越来越多的文章运用案例开展信息素养教育教学实践的实证研究。

在理论研究方面，由于国外特别是美国有关信息素养教育框架的提出，此阶段国内关于美国信息素养教育框架的解读类文章不少；新一代ICT环境下，在"大物移云"技术催生下，"信息素养教育"研究向纵深发展，一方面，教育受众面研究上向更大范围的"公民信息素养教育"方面拓展；另一方面，有关"高校信息素养教育"的研究则依托高校图书馆及信息素养课程，在教学理念、教学计划、教学方法、教学内容等教学改革方面开展创新性研究。

2.1.2.3.3 信息素养教育研究中高质量的论文比例较低

我国信息素养教育研究的期刊论文在1995—2018年共发文2 870篇，其中北大核心发表的论文为472篇，占总发文量不到二成，仅为16.45%；从基金支持的角度，2 780篇文献中，由基金支持发表的论文共189篇，核心期刊发表74篇，仅占总发文量的6.6%，其中，国家社科基金支助发表文章43篇，自然科学基金支助发表文章3篇，教育部、科技部相关基金支助发表的论文35篇，各省市基金支助发表的论文103篇，其它基金支助发表的论文5篇。从这些数据，我们可知，信息素养教育研究总体水平相对薄弱，高质量论文发文比例低。

总之，我国信息素养教育相关研究经过二十余年的发展，取得了一定的成果，但仍存在理论研究不深入、未形成完整信息素养教育评价体系、在线学习形式单一、信息素养教育培训内容过于简单、实践研究缺乏沟通、互动与合作等不足和问题。

2.1.3 中国信息素养教育实践概貌

经过多年发展，中国以高校图书馆为主导的信息素养教育在实践中积累了丰富的经验，成效显著，构建了多维、立体的全方位信息素养教育体系。我国信息素养教育对象主要是高职的大专生、高等院校的本科生和研究生，近年来，随着技术的发展，信息素养教育实践从教学内容、手段到教材建设等发生深刻变化，随着微课、慕课等新型教育模式的兴起，高校图书馆的信息素养教育也进入到创新发展的关键时期，当然，由于各种原因，存在各馆发展不均衡、教育理念保守、教育模式落后等诸多问题。

洪跃（2016）等人通过问卷调查的方式，对全国28个省份545所高校图书馆开展信息素养教育实践调查，得出以下结论。

2.1.3.1 信息检索与利用课程是信息素养教育的主要方式

高校图书馆充分利用资源优势，面向高校师生开展丰富多彩的信息素养教育，包括开设专门信息素养教育课程，针对新生开展入馆教育，开展诸如检索比赛、读书会等信息素养教育活动，开展专题培训讲座等，当然，由于发展的不平衡，有的图书馆多种形式的信息素养教育方式并存、有的图书馆开展1～2项。洪跃等学者的研究认为，开设信息检索与利用方面的课程是图书馆主推的信息素养教育模式，据他们调查至少开设一门授课对象为本科生的信息检索相关课程的在被调查的545所高校图书馆中有377所，比例达到69.17％，约占七成，377所中有94所约占25％的高校将课程设置为必修课，283所约占75％的高校将此课程设置为选修课。

2.1.3.2 信息检索与利用课程教学内容、方法与手段

有关教学内容方面，洪跃等学者的调查结果表明：虽然高校信息素养教育

涉及检索基础知识、图书馆网站利用、数据库使用方法、知识产权相关知识、论文写作及投稿、文献管理等与文献检索相关的众多内容，但是，信息检索基础知识、常用数据库与网络资源的检索方法等仍是高校图书馆信息素养教育课程的主要内容，针对信息的管理、评价与利用的教学内容相对较少。

有关教学方法方面，被调查高校中约94.7 %的图书馆都采用"课堂讲授＋教师操作演示＋学生上机实习"相结合的经典教学模式，应用案例和任务驱动是最常用的教学方法，此外，项目教学法、Big6教学法、激励型教学法、TBL（小组合作学习）教学法等也被广泛应用于信息检索课的教学实践中，近年来，随着技术的发展，翻转课堂、概念制图、学术研究工具包、信息合成、嵌入游戏等教学方法也有被运用在信息素养教育、一体化信息素养培养实践上。

有关教学手段方面，主要授课手段是采用多媒体，实习授课一般在机房，部分图书馆开发了信息检索教育平台，通过网络授课，近两年微课、慕课等最新教学手段也渐渐被应用于信息检索课的教学。

2.1.3.3 教材建设情况

洪跃等人的研究表明，目前信息素养教育课程国内尚无统一指定教材，约30 %的高校所用的教材是任课教师自编或教研室合编的正规出版社出版的教材；约7 %的高校图书馆选用来自清华大学、高等教育出版社等出版的非自编信息检索类相关图书作为教材；以医学类高校、高职高专院校为主的约占8 %的院校使用规划类教材。

2.1.3.4 教学评价

绝大多数高校图书馆对学生的信息素养教育课程成绩实行综合评价，一般在学习完课程后，采取开卷或闭卷考试进行期末考核得出一个成绩，结合学生平时表现，出勤情况和平时作业情况是评价学生平时表现使用最广泛的两种方式，然后按一定比例得到学生的最终成绩。

信息素养教育课程一般纳入高校教学体系，通过课堂反馈与交流，借助高校教学管理部门统一的评教系统及高校组织督学听课的方式开展针对每一位任课教师教学效果的评价。

2.1.3.5 教学设施建设情况

由于信息素养教育课程的操作性强，一般都需要有机房或电子阅览室等教学设施，洪跃等人调查了五百多所高校信息素养教育实践操作教学用房情况，发现：84.7％的图书馆拥有1至6个信息素养教育实习教室；拥有7个以上的专用培训教室的图书馆较少，仅占总数的4.1％；实习机房由学校统一安排的图书馆约占总数的4.1％，没有专门实习机房的图书馆约占总数的7.1％。

根据洪跃等人的调查，教学硬件配备情况如下：配备100台以上教学用电脑的图书馆占39.13％；配备50至100台教学用电脑的图书馆占29.19％；配置50台以下教学用电脑的图书馆占总数的31.67％；82.1％的图书馆配置有教学专用投影仪，仍有9.39％的图书馆未配备教学专用投影设备。

2.1.3.6 信息素养教育师资队伍建设

从总体上看，我国信息素养教育师资队伍庞大，图书馆馆员是师资主要来源，也有邀请数据库商或邀请院系教师为读者开展信息素养教育相关培训的，各高校图书馆师资的数量、学历、职称结构不尽相同，洪跃等人对545所高校图书馆信息素养师资力量调查分析得出以下数据。

被调查学校共有信息素养教育教师3 000余名，平均每所高校图书馆拥有多于5名的信息素养教师，专职教师相对少，信息素养教育教师全部为专职教师的仅64所学校，全部为兼职人员的有302所学校，还有123所高校图书馆是专、兼职教师均有。在师资数量方面，拥有6名以内师资的学校占总数的62.1％，有7至10名师资的学校占总数的23.38％，拥有师资11名以上的学校，占总数的14.52％。

在学历方面，在调查的学校信息素养教育师资力量中绝大多数拥有本科以上学历，其中1 769位教师拥有硕士学历，194位教师有博士学位。

职称方面，中级职称的教师占绝大多数，425所学校共有1 746名信息素养教育教师受聘中级职称，368所学校信息素养教育教师受聘副高级职称的教师共955名，175所学校受聘正高级职称245人。

2.1.4 香港特别行政区和台湾地区信息素养教育的简况

香港特别行政区和台湾地区是中国领土不可分割的组成部分，他们的信息素养教育也是我国信息素养教育体系不可或缺的部分。

2.1.4.1 香港的信息素养教育

2.1.4.1.1 香港信息素养教育方针

香港早期的信息素养教育重点是计算机及网络技术工具的熟练程度，针对的对象主要是教师群体，香港教育局制定了《应用信息科技发展优质教育1998/99至2002/03学年五年策略》，设立由独立评审机构管理的分级证书制度，要求全香港教师必须达到相应的计算机应用级别，促进教师不断提高利用和获取信息的技能。

2004年香港教育局制定了信息素养架构，同年7月及2007年10月先后出台了第二、三个信息科技教育策略，促进学生利用网络交流知识和协作学习，培养运用信息技术批判性思考、解决和决策的能力，合法、安全和负责任地有效管理信息及培养终身学习的能力。

2.1.4.1.2 香港信息素养教育实践

香港的信息素养教育在初等教育阶段融入较多，中小学生有较多利用图书馆及接受图书馆教育的机会，相对来说高等教育的信息素养是在初等教育基础上的延伸和提高，基本上是根据学生实际、图书馆资源情况及ACRL的《高等教育信息素养能力标准》制订相应的教学内容，大体包括信息资源介绍、信息检索的技巧、信息的获取和利用、信息及资源的评估等。

香港地区8所高校仅香港大学将信息素养纳入学校的教学计划，大部分学校通常是图书馆通过学科馆员根据院系的需求或通过开设网络课程学生按需自学等形式组织开展信息素养教育，香港高校图书馆是信息素养教育的主战场，采取信息科技和图书馆课堂、课程融合、专题研习等方式开展信息素养教育。例如：香港浸会大学中医图书馆开展嵌入式教学，将信息素养教育嵌入到"中药化学"课程中；香港中文大学信息素养教育采取认证考试方式，考试内容涉及图书馆知识、数据库搜索方法及技巧、专业性电子信息及网络免费信息资源的获取，以及与香港相关或其他重大影响的事件等内容。

2.1.4.2 台湾地区的信息素养教育

台湾地区的信息能力指标体系是由"资讯素养协会"制定的，台湾地区的信息素养教育主要是通过讲习课程、网络平台等方式，让师生了解图书馆资源与服务，指导师生对信息的检索、整理及利用。例如：新竹教育大学实施信息素养教育课程分成3个递进学习阶段，即"基本信息素养能力的培养""信息科技融入学习领域""项目设计与创作"三个阶段，要求学生每个阶段至少修满2学分，全面修完至少要修满6个学分；台湾大学图书馆开发的信息素养教育系列

"懒人包"包括《Web of Science完整教学"懒人包"》《Scopus论文发表篇数与被引用次数完整教学"懒人包"》《EBSCOhost完整教学"懒人包"》等帮助师生从海量、烦杂的网络信息中轻松获取专业团队筛选的热点资讯；台湾地区还开发了包含课程定制、线上培训等栏目的台湾地区高校图书馆"信息素养教育"平台。

2.2 福建农林大学信息素养教育发展轨迹

笔者身为福建农林大学图书馆职工，从事信息素养教育工作二十余年，担任信息检索与利用教研室负责人，近年来主持了"信息检索与利用"课程改革工作，亲历了本校信息素养教育的一段历史，下面详细介绍福建农林大学信息素养教育发展历程与现状，为我校信息素养教育再上台阶尽绵薄之力。

2.2.1 福建农林大学信息素养教育发展年谱

福建农林大学信息素养教育任务主要由图书馆承担，最早可以追溯到1963年，图书馆在全院师生中开展诸如"如何利用图书馆""如何使用工具书""当前检索工具的发展与出版状况"等一些专题辅导，有意识地培养在校读者对馆藏文献的查询、获取、分析和应用能力。

1965年，图书馆专门设了"检索室"，提供中外文检索工具供读者使用，起初为了方便读者使用辅以现场指导，随后为了满足更多读者的需求，编写了讲义，由教务处铅印发放给研究生，为昆虫学研究生开设"如何利用检索工具"讲座，这是对"文献检索课"的初次尝试，并由此拉开了福建农林大学信息素养教育的帷幕。

1976年后，以农学和植物保护两个系的二年级学生为试点，开设20学时"文献检索"选修课，文献检索课在师生中反映很好，逐步扩大到全院各系，得到全院的认可，图书馆内也相应成立了兼职的教学小组，自编讲义教学。

1984年，教育部印发的《关于在高等学校开设文献检索与利用课的意见》的通知要求在各高校开设"文献检索与利用"课。鉴于我校各系开设"文献检索"选修课已有二、三年的经验，教务处根据通知精神，将"文献检索"课更名为"文献检索与利用"课，且正式改为必修课（仍为20学时）。为确保文献检索课的教学质量，正式成立"文献检索与利用"教学小组，教学资料有"农经文献检索与利用""文献检索与利用""文献检索与利用实习指导"。此外，1984年，我国专利法颁布，福建省专利管理局举办首届专利文献检索班，我校图书馆随即派人参加，并率先在省内自编"专利文献检索知识"讲义，以讲座形式面向全院师生开课。

1992年，原国家教育委员会印发《文献检索课教学基本要求》。按照基本要求精神，1993年，我校修订了教学大纲，配备3名具有本科文凭和图书专业技术职称的专职教师。1995年、1997年先后与原浙江农业大学图书馆联合编写出版了《农林文献检索与利用》《农林文献检索教程》。

2000年后，我校信息咨询部负责文献检索课程教学和查新2项任务，为了更好地做好科技查新工作和文献检索课教学，采取查新工作、文献检索课轮流进行的部门运行制度，一方面很好地提高了教师们的实践能力和教学水平，另一方面通过理论教学，也更好地增强了教师们的查新能力，这些都为2009年成功申报教育部查新站打下了良好的基础。

2002年9月，我校教务处将一直以来都是限制性选修课的"信息检索与利用"定为公共基础课，面向全校本科生开课，学时为30，学分为1.5，成为福建省内唯一将文献检索课作为公共基础课的高校。

为适应计算机技术和网络信息的发展，教学小组不断修订调整教学大纲，逐步减少手工检索课时，增加机检和网络信息检索的课时，2003年添置了70多台电脑供学生上机实习用以检索各种数据库和互联网搜索引擎。

2007年9月，经学校重新审批，我校成立了信息检索教研室和信息检索实验室。

2011年，在我校新建的逸夫图书馆新增加一教学实验室，配备教学中控系统设备和100多台电脑。

2013年6月，我校成功举办"2012—2013年福建省高校信息素养教育课程（文献检索课）教学"研讨会。

2014年，我校成功申报校级指定教研课题"大数据时代，信息检索与利用课程多维立体教学模式探讨"，促进信息素养教育教学改革。

2015年11月，我校在安溪校区成功举办了"大数据背景下，高校信息素质教育的改革与发展"为主题的福建省高校图书馆2015年"信息素质教育课程教学"研讨会。

2.2.2 福建农林大学信息素养教育现状

经过几代图书馆馆员的努力，历经几十年的发展，福建农林大学图书馆信息素养教育日臻成熟，近年来，致力于教学改革，在图书馆和校教务处的支持下，信息素养教育再上台阶。

2.2.2.1 调动图书馆各部门力量，多管齐下，构建以信息素养课程为主导的师生信息素养培训体系

第一，图书馆信息咨询部信息检索与利用教研室，以"信息检索与利用"和"信息检索与利用（嵌入式教学实践）"两门公共课程为抓手，面向本科生开展信息素养教育，每年参加课程学习的学生达1万余人次。

第二，开展形式多样的信息素养教育各类讲座：由图书馆信息检索教研室面向全校师生开设包括数据库检索、文献管理、文献分析等的各类讲座；图书馆文拓部邀请各数据库商或专家到校为全校师生作信息素养讲座；图书馆技术部通过WOS、Taylor & Francis平台网络在线课堂直播相关数据库的使用教学视频。

第三，图书馆与计算机软件公司共同开发了新生入馆教育平台，把图书馆应知内容采取"任务闯关"游戏方式，在新生到校报到前自行完成入馆培训，过关者即可获得图书馆借阅权限。

第四，举办比赛或参加数据库商举办的各类信息检索比赛，如本馆文拓部举办"信息素养达人"赛，2012、2014、2018年组织学生参加"FULink平台知识竞赛""万方杯"检索大赛、"超星杯"检索大赛等。

2.2.2.2 福建农林大学信息素养教育课程现状

目前，福建农林大学信息素养教育课程包括两门课，即"：信息检索与利用"和"信息检索与利用（嵌入式教学实践）"，是面向全校本科生开设的公共基础课程。

第一，福建农林大学信息素养教育管理模式

在管理模式上，信息素养教育课程实行教务处和图书馆二级管理制度，教学任务主要由图书馆信息检索与利用教研室承担。

教务处负责教学管理：包括教学任务下达、排课（每位教师的上课时间、教室等）及教学过程管理（如教学管理平台维护、教学评价、教学督导等）。

图书馆保障教学任务顺利开展：图书馆技术部门保证教学实习过程中各数据平台和网络的正常运行，确保教学实习任务完成；教研室负责人承担教学任务分配工作，即将教学任务分班给每位教师；教研室每位教师按照学校教学要求完成教学任务。

第二，福建农林大学信息素养教育师资力量

福建农林大学信息素养教育师资整体素质较高，教师都从事或参与过查新实践，队伍稳定，三个校区共有10位教师，60%以上为副高职称、具备硕士学位文凭，具体师资分布如表4-5福建农林大学图书馆信息素养教育师资情况表所示。

表4-5 福建农林大学图书馆信息素养教育师资情况表

教师总数	10人（其中校本部7人，安溪茶学院3人）		
年龄分布	50岁以上	3人	30%
	40~50岁	3人	30%
	30~40岁	1人	10%
	20~30岁	3人	30%
学位分布	本科	4人	40%
	硕士	6人	60%
职称分布 职称分布	副研究馆员	6人	60%
	馆员	1人	14%
	助理馆员	3人	30%

第三，福建农林大学信息素养教育课程学生规模

近三年来，福建农林大学信息素养教育课程学生数量情况为：共计25 729人次，平均每年8 576人次参加了信息素养教育课程"信息检索与利用"和"信息检索与利用（嵌入式教学实践）"两门课程的学习，每学年每位教师平均授课学生1 000余人次。详细情况见表4-6近三年福建农林大学信息素养教育学生数情况表。

表4-6 近三年福建农林大学信息素养教育学生数情况表

学期	"信息检索与利用"人数	"信息检索与利用（嵌入式教学实践）"人数	学生总人次
2016—2017第一学期	3742		3742
2016—2017第二学期	1954	85	2039
2017—2018第一学期	3594	3050	6644
2017—2018第二学期	1856	1306	3162
2018—2019第一学期	3576	3959	7535
2018—2019第二学期	1533	1074	2607
合计	16255	9474	25729

2.2.2.3 积极开展信息素养教育课程教学改革，全面提升大学生信息素养

在大数据时代背景下，2014年笔者主持的课题"大数据时代，信息检索与利用课程多维立体教学模式探讨"在校教务处支持下得以立项，本书也是在该项目的经费支持下完成的，该课题的主要内容包括。

2.2.2.3.1 教学内容改革

在教学内容上做了大量的变动，将分科的三本教材重新整合成一本，保留并简化原来检索理论的基础知识，对数据库的使用进行规律性的探讨，增加了数据库通用规则内容；新教材更注重实践，专门编写了实务操作篇章，列举农林和生命科学、工科及社科等本校涉及的院系专业的大量检索案例；改变原教材重检索、轻应用的特点，根据大数据时代的特点，注重对信息检索结果的管理、分析，以及对学术不端的检测的内容。2014年8月《信息检索与利用教程》由浙江大学出版社出版。

2.2.2.3.2 教学流程再造

本次教学改革一方面应学校教务处的要求，另一方面更重要的是结合本课程的特点，重构沿袭了十余年的教学流程。首先，在总课时上做了压缩，由原来的30学时变为24学时，其中大幅度压缩理论讲授的时间，由原来16学时减少至10学时，保留实习课14学时。其次，根据教学内容的变动，增加了教学实践环节，包括学生利用分析软件选择课题和利用文献管理软件撰写课程论文两方面的实践内容。最后，也是培养大学生信息能力和信息道德最重要的一环，从

学生的专业课课程论文切入，与专业课教师联动教会学生选题，用2个学时讲解文献管理软件NoteExpress的使用，要求学生使用文献管理软件NoteExpress撰写论文并通过中国知网论文检测系统检测论文，在成绩评价上，专业老师负责论文质量，信息素养教育老师负责论文格式，这样把信息素养教育与专业课有机融合，完美实现嵌入式教学。

2.2.2.4 教改成果显著，信息素养教育课程成功转型

2.2.2.4.1 顺利完成教学流程再造，

在图书馆和校教务处的支持下，完成教学流程再造，新的教学模式纳入2015级学生培养计划。

2016年之前，福建农林大学信息素养教育只有一门30学时的"信息检索与利用"课程，包含理论课16学时、实习课14学时。2016年实施教学改革后产生了两个转变：一是一门课变两门课（见图4-8）；二是两个教学环节变三个环节（见图4-9）。

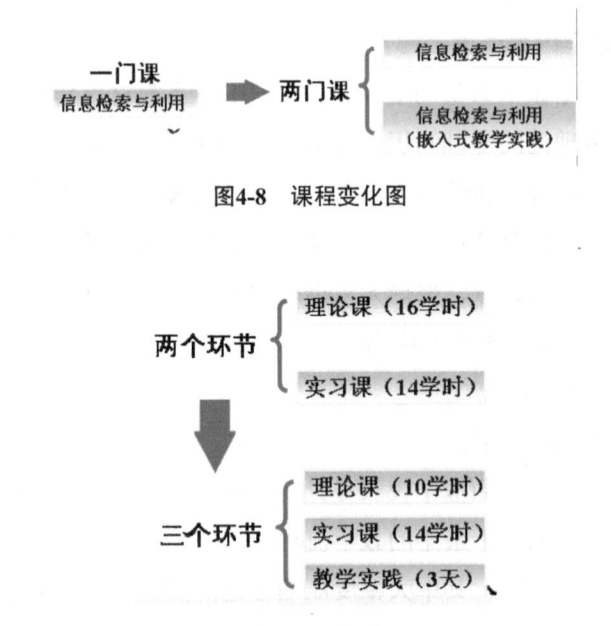

图4-8 课程变化图

图4-9 教学环节变化图

2.2.2.4.2 为适应教改的需要，购买相关的配套软硬件设施

在图书馆领导支持下，购置相关软件为"信息检索与利用"课程教学实践

的顺利开课做好准备工作，与课程相关的软件包括以下内容。

第一，购置文献管理软件——NoteExpress。

"信息检索与利用（嵌入式教学实践）"的教学实践重要的一环就是要求学生利用文献管理软件完成与专业相关的课程论文的写作，为此经过调研，课题组向图书馆提出购置文献管理软件NoteExpress的要求，得到图书馆领导的大力支持，于2014年购置了国内文献管理软件龙头产品——NoteExpress。以下为图书馆开通NoteExpress的下载页面（如图4-10所示）。

图4-10 NoteExpress软件下载页面图

第二，购置文献分析软件——万方创新助手。

为了保证"信息检索与利用（嵌入式教学实践）"课程更好的嵌入各学科教学，图书馆专门购买了万方创新助手，为学生更好地选题提供了软件支撑。以下是图书馆已购的万方创新助手软件的下载页面（如图4-11所示）。

图4-11 创新助手下载页面图

第三，购置"中国知网"大学生论文检测系统。

论文检测主要培养大学生的信息道德，是"信息检索与利用（嵌入式教学实践）"教学实践的关键环节，经过论证，决定采购"中国知网"大学生论文检测系统为教学所用，软件的采购工作纳入每年图书馆预算，便于在实践环节中运用。（如图4-12所示）

图4-12　CNKI检测系统登录页面图

第四，在硬件设施上，图书馆为了配合"信息检索与利用（嵌入式教学实践）"课程的顺利开展，在原有100台电脑的实习室基础上，又购置了80台电脑，更新了旧教学实验室的设备，这样有两个正常运行的实验室，方便教学调度使用。

2.2.2.4.3 调整教学内容，全面提升大学生信息素养

第一，为了配合教改，重新编写"信息检索与利用教程"课程教材。

由于课程改革了，为了适应大数据时代的变化，教学内容也做了适当的调整，重新编写了教材，新教材在保留检索知识的基础上，增加个人文献管理及信息分析等知识，教材内容由原来重检索、轻利用转向全面提升大学生综合利用信息的能力，教材特点如下。

首先，教材知识框架合理，理论与实践层次分明。全书四篇，共十一章，从四个层面介绍信息检索与利用的相关知识。第一篇"理论基础"，主要介绍信息资源、信息检索基础及技术等基础理论知识；第二篇"检索平台"，主要介绍各种中外检索平台；第三篇"管理与分析"，主要介绍文献管理和分析软件的使用；第四篇"实务操作"，主要用案例的方式将理论知识运用于实践。

其次，教材实践操作性强。在"实务操作"篇中编写了大量原创案例，这些案例大都是多名编者长期从事教学工作的积累，汇集了集体智慧，可操作性强。

最后，新教材增加了文献管理与分析内容。在同类教材中，鲜见相关内容，即便有，在内容上也较为简单，本教材顺应大数据时代的发展要求，详细介绍了相关工具的使用，用于对实践课程的指导，能有效培养大学生管理和利用信息检索结果的能力，提升大学生信息素养。

第二，构建"信息检索与利用（嵌入式教学实践）"实践内容。

首先，嵌入式教学实践的关键问题是如何嵌入。课程设计通过嵌入专业课的课程论文，在各学院培养计划中，将"信息检索与利用（嵌入式教学实践）"这门课必须安排在各专业有设专业课课程论文的学期。

其次，嵌入式实践教学目标设计。通过课程实践，要求学生掌握相关信息分析软件、文献管理软件在论文选题、文献收集管理、参考文献引用等时的基本操作技能；通过对已完成论文的查重检测，培养大学生合理合法利用文献资源的学术规范和信息道德。

再次，嵌入式教学实践教学环节、内容设计。实践课程以学生自主完成为主，教师通过2个学时讲授，并利用网络平台随时解答学生实践过程中存在的问题，具体安排如表4-7嵌入式教学实践教学安排表。

表4-7　嵌入式教学实践教学安排表

实践环节	内容提要	目的要求	重点难点	实习地点	周数/学时
1.信息分析软件使用	通过使用相关的平台完成课题的选题	掌握选题的方法	重点：如何通过主题概念的分析，进行课题的选题 难点：如何弥补学生专业知识的欠缺	信息检索实验室	4
2.信息管理软件使用	使用文献管理软件完成论文文献收集、管理及论文的写作	掌握文献管理软件的使用方法	重点：利用文献管理软件写作课程论文 难点：软件的高级功能的使用	信息检索实验室	4
3.论文检测	使用论文检测系统，完成课题论文重复率检测	掌握如何合理利用文献，降低论文重复率	重点：检测软件的使用 难点：在文献使用过程中，如何做到合理合法，避免重复率过高	信息检索实验室	4

实践环节	内容提要	目的要求	重点难点	实习地点	周数/学时
4.学生实践	利用创新平台选题，通过数据库检索论文切题文献，使用相关软件完成论文写作及检测	学生自主完成实习任务，可随时咨询指导老师			15
合计3天				

2.2.2.5 福建农林大学信息素养教育课程存在的问题

福建农林大学信息素养教育经过多年的发展，已纳入学校本科生教育体系，其运行与管理颇为完善，但仍存在一些问题。

第一，教学任务繁重，个性化教学难以达成，从学生的受教育规模看，每年每位教师的学生数达1 000余人，几乎都是上大班课，很难针对每个学生实施因材施教。

第二，教学手段单一，仍主要以课堂教学为主，没有很好地运用现代教学技术。

3. 美国信息素养教育带给我们的启示与借鉴

一直以来，中国信息素养教育跟随美国发展步伐，虽然开展了一些相关研究和实践活动，但是我国信息素养教育研究起步较晚，整体研究较为零乱，缺乏系统性和权威性，美国作为当代信息素养教育发源地，引领着世界潮流，有着丰富的经验与丰硕的成果，对于我国更好地开展信息素养教育与研究具有重要的启发意义和借鉴价值。

3.1 从教育目标入手，注重顶层设计

美国大学与研究图书馆协会分别于2000年、2015年颁布了《高等教育信息素养能力标准》和《高等教育信息素养框架》，这两份文件是基于不同信息生态环境，从信息素养教育培养目标出发而建构的两个顶层框架，两份文件是由专门的机构和信息素养教育领域的专家学者经过长期的理论和实践研制而成，在这个过程中，体现出美国领导层深刻意识到信息素养在创新人才知识结构中的重要性，还体现出信息社会对人才信息素养的需求从信息、媒体和工具等技

能向批判性思维、交流、协作、创新等意识和行为转变，信息素养对人才的学习和创新能力培养具有非凡意义。

追溯起来，信息素养教育在我国高校开展也有一段时间了，然而各地区、高校信息素养教育的规模、水平和质量等发展很不均衡，总体上信息素养教育的目标仍停留在数据库检索、信息筛选、甄别等技能层面。我国信息素养教育目标如何向创新型人才培养方向转变亟待一个类似于美国《高等教育信息素养框架》这样的指导性文件，这需要教育部等权威顶层机构组织完成构建我国的"框架"，当然，在此之前，我以为作为一线的高校信息素养教育工作者，可以在教学实践中先参考美国的"框架"来指导我们的教学。

3.2 分层次成立专门组织，构建完整信息素养教育体系

在信息社会，信息素养是每一位公民的必备素质，因此，信息素养教育面向的应该是信息社会的全体公民，在终身学习、终身教育的信息社会，信息素养教育应是多层次的教育体系。

美国的信息素养教育从小学到大学、从高校到社区都有相应的专门的负责信息素养教育的组织或机构来制定和执行不同的指导性文件。

我国的信息素养教育体系有别于美国，中小学信息素养教育基本是以计算机教育为主，高校的信息素养教育则多从早期的手工文献检索课向计算机数据库检索转变而来，由于缺乏系统的、多层次的信息素养教育框架，从初等到高等教育之间无法实现良好的过渡与衔接，造成教学内容、课程设置等方面与高校的其他课程交叉重复，导致信息素养教育课程常常不受高校教学管理部门的重视。笔者以为，建立贯通小学到大学、学校到社区的信息素养教育体系，是我国信息素养教育不可回避的问题，美国分层次成立专门的组织来制定信息素养教育标准和实施这些标准的做法是值得我们借鉴的。

3.3 打通壁垒，加强图书情报界与社会各界的紧密联系与合作

美国国家信息素养论坛汇集了图书馆、教育管理部门、政府及企业等不同性质的70余个机构，成为信息素养教育合作和交流的重要平台，它在督促全美教育管理机构和协会组织制订和开展各类信息素养教育计划和项目方面起到协调和沟通的作用，为制定全方位信息素养教育体系及相关研究打下了良好的基础。

我国教育界和图书馆情报界是信息素养教育和研究的两大中坚力量，但二者之间缺乏沟通和合作，其结果就是信息素养教育和研究力量涣散、感召力低弱、重复研究过多，信息素养教育无法得到社会各界的关注和支持，因此，建议有关部门构建一个类似美国国家信息素养论坛这样的平台，打破图书馆情报界与社会各界的壁垒，协调各方资源，作好总体规划，加强信息素养教育研究的整体性和系统性。

3.4 重视信息素养教育实践探索，推进实证研究

美国信息素养教育重视实践，以项目的形式开展了形形色色的研究，这些项目扎根实践，立足实证案例。我国信息素养教育与研究的课题主要由科研机构和高校承担，大量的研究没有针对信息素养教育实际选题，鲜少深入到课堂或学生中去收集一手材料，更多的是热衷于通过数据库或软件工具采集网上数据，脱离实证研究过程，研究出来的成果无法为信息素养教育的发展提供理论支持和实践指导。为此，中国的信息素养教育研究应走出校园、走进课堂，到实践中去观察、访谈找寻信息素养教育存在的问题，以实证研究推动理论研究上一个新的层次，进而将理论应用于实践形成信息素养教育研究的良性循环系统。

3.5 注重教学评估，制定评价量规

美国高校很重视评价量规在教学及教学效果评价过程中的作用，包括教师对学生信息素养思维和行为习惯的评价、学生之间的相互评价等。我国信息素养教育评价主要通过考试的形式达成，缺乏实践性，因此构建有效的信息素养评价量规进行教学效果评价是我国信息素养教育亟待解决的难题，它将有助于各校定位本校学生的信息素养水平和信息素养教学成效，选择适合本校学生特性的信息素养教学目标、教学模式和教学手段，不断提高信息素养教学在人才培养工作中的价值。

第3节 信息素养教育路在何方?

历史的车轮滚滚向前,势不可挡,载着人类从远古走向现代,从现代走向未来,就像现在,当人类还在信息时代徜徉,人工智能却已悄然而至,世界唯一的不变就是变化,一切都在变化中,面对技术的变迁、信息环境的变化、教育生态的挑战,高校信息素养教育路在何方?笔者以为,信息素养教育需要一个大的格局,不仅要预见一切变化带来的挑战,更要深刻认识这些变化所蕴藏着的机遇,既要从宏观层面谋划信息素养教育的战略,也要从微观层面讲究信息素养教育的战术。

1. 正视中国高校信息素养教育的困境与机遇

计算机和通信技术的发展,出现了移动互联网、大数据、云计算、物联网、脑科学、虚拟现实等新理论、新技术,在经济、社会发展的强烈需求等共同驱动下,新一代人工智能也有了快速的进步,深度学习、跨界融合、人机协同、群智开放、自主操控等新概念层出不穷,社会发展已从移动互联网时代进入了人工智能新时代,且人工智能的影响将远超互联网,百度创始人形象地比喻说,互联网是前菜,人工智能才是主菜。人工智能是程序算法和大数据结合的产物,而云计算是程序的算法部分,物联网是收集大数据的根系部分,可以简单地表示为人工智能(Artificial Intelligence,AI)=大数据(Big Data)+云计算(Cloud Computing),三者一起又被称为"ABC云"。在这种新技术背景下,对人类社会的冲击无疑是巨大的,技术的进步是一柄双刃剑,在带来机会的同时也面临巨大的挑战,如电灯的发明让蜡烛退出照明的舞台,数码相机的发明成了胶卷的噩梦,毋庸置疑,处在信息技术革命风口浪尖的信息素养教育发展也迎来新的挑战和机会。

1.1 中国高校信息素养教育窘境

高校信息素养教育受到各方面因素的影响,长期以来,处境一直都颇为尴尬,很难融入高校的教育体系,又游离于高校图书馆主要业务范畴之外,信息素养教育从业者就像一只"四不像",不能像学院的教师一样名正言顺地专门从事教育,又不像图书馆馆员那样专心致志从事文献服务,再加上信息技术的进步带来的冲击,愈发导致信息素养教育举步维艰。

1.1.1 我国高校信息素养教育在高校图书馆不受欢迎

教育部在1987年、2002年、2015年陆续出台或修订的《普通高等学校图书馆规程》(下称《规程》)都明确信息素养教育是图书馆的业务或服务的内容,例如:1987年的《规程》第二章第九条规定"高等学校图书馆应组织力量,采用多种方式对读者进行系统的检索和利用文献的教育,学校应将'文献检索与利用'课列入教学计划";2002年的《规程》第四章第十七条规定"通过开设文献信息检索与利用课程及其他多种手段,进行信息素质教育。";2015年的《规程》第六章第三十一条规定"图书馆应重视开展信息素质教育,采用现代教育技术,加强信息素质课程体系建设,完善和创新新生培训、专题讲座的形式和内容。"然而,一方面,信息素养教育相对于图书馆主要业务而言,其所发挥的作用并非立竿见影的,既不会带来馆藏资源的增加也不会带来借阅率的提高,因此常常得不到图书馆管理层的重视;另一方面,图书馆开展信息素养教育课程对馆员的素质要求较高,分散了图书馆高层次信息服务的力量,在事业单位改革的当下,由于编制等因素,图书馆管理层希望能将从事信息素养教育的师资拉到学科服务等图书馆新增的高端信息服务中来,因此,信息素养教育尤其是课程教学在很多高校图书馆是不太受重视的。

1.1.2 高校职能部门对信息素养教育缺乏足够重视,阻碍信息素养教育的发展

教育部高等教育司2017年12月发布关于实施《普通高等学校本科专业类教学质量国家标准》的通知(教高司〔2017〕62号)。2018年3月由高等教育出版社出版了《普通高等学校本科专业类教学质量国家标准》,这是我国高等教育领域第一个教学质量国家标准,针对普通高校本科专业目录92个本科专业类、587个专业从概述、适用专业范围、培养目标、培养规格、师资队伍、教学条件、质量保障体系等方面制订了125个教学质量标准,笔者对125个标准中有关于信息素养培养方面的内容进行分析,仅"戏剧与影视学类教学质量国家标准(戏剧类专业)"一个专业类标准未提及信息素养要求,"戏剧与影视学类教学质量国家标准(电影与电视艺术类专业)""戏剧与影视学类教学质量国家

标准（广播电视类专业）"这两个专业类标准没有对学生培养规格提出信息素养要求，但在教学条件的信息资源要求"购买和自建若干专业知识数据库，能够为师生提供便捷地开展文献检索、科技查新、代检代查、馆际互借、文献传递等多类型、多层次的需要服务。"，其余122个标准在"培养规格"中的"知识要求""能力要求"或"业务方面"皆有信息素养培养相关的内容描述，涉及的主要关键词有"文献检索""信息检索""资料查询""获取知识""获取相关信息""自主学习"等，然而，高校信息素养教育情况并不乐观，虽然绝大多数高校图书馆已将信息检索课程申请为一门通识类选修课，但还鲜少有高校将信息素养课程纳入高校人才培养体系的必修课中，即便我们学校把信息素养课程纳入公共必修课，也未能引起职能部门的重视，甚至有些管理部门的领导对信息素养教育尚未给予足够的重视，原因主要是信息素养教育在高等教育体系中一直以来都处于辅助的地位，基本上都是由高校图书馆承担这项任务，其实施离不开高校教务管理部门的协助，但是，由于长期以来高校图书馆在高校里的地位并不高，信息素养教育课程也得不到足够的重视，此外，信息素养教育课程多数是由图书馆员承担，很多高校并未将信息素养教育师资纳入专任教师范畴，在管理、待遇上也是处境尴尬，这些都是制约高校信息素养教育的因素。

1.1.3 信息技术进步引发信息生态环境变化对高校信息素养教育带来的挑战

高校信息素养教育处境不佳固然有来自图书馆和高校管理层面的影响，但冲击更多来源于技术的进步所引起的信息生态环境的变化。

1.1.3.1 信息技术带来新规则，冲击信息素养教育发展

技术带来了信息革命，信息技术的革命性力量在于打破传统的信息产生、传播及利用规则。

首先，网络技术为信息插上翅膀。信息传播呈多线路，不同地方的人们可以同时获得同一种信息，传统信息往往以某一物质载体为媒介，如纸质文献，其传播速度缓慢，纸质文献在哪，其所承载的信息就在哪，即信息在某一时刻只能出现在一个地方。传统低效的信息共享使得信息源极为有限，人们获取信息必须按顺序进行，这也是早期传统信息素养教育赖以生存的技术基础，网络技术打破了这一信息获取规则，高效信息共享丰富了信息源，信息的获取不再

是单线程，而是可以多人并行访问同一信息源。

其次，技术的发展导致信息的制作、传播及获得变得异常方便，无需专门的技能便能完成，以信息获取能力培养为主的传统的信息素养教育遭遇前所未有的冲击。

最后，技术的发展出现智能程序，能根据人们的日常上网行为通过深度学习为特定的人推送特定信息，这就意味着信息不需要检索即可获取，传统的以信息检索能力培养为主的信息素养教育在这种现实面前不再有生存的余地。

1.1.3.2 信息技术的发展催生各种信息服务形成新型信息生态环境，导致信息素养教育处境尴尬

信息技术的发展带动信息产业的发展，出现了搜索引擎、专业信息网站等信息服务形式，由于新型的信息服务快捷便利、信息丰富及时，传统信息素养教育的主体高校图书馆不再处在信息服务的核心位置，渐渐被边缘化，导致众多的高校师生宁愿使用搜索引擎也不愿意访问图书馆信息资源，这无疑使得以培养大学生信息能力为主的信息素养教育处境堪忧。

1.1.3.3 信息技术的变化带来认知的困难，致使高素养信息素养教育者极度匮乏

王佑镁（2003）提出，技术为教与学提供一种全新的平台和工具的同时，给教师带来了认识和运用上的困惑，也给学生带来了认知和使用上的障碍。以创建MOOC课程为例，不仅需要一个教学水平较高的主讲，还需要有制作MOOC的技术、设备和人员支持等。高校信息素养教育绝大多数是由高校图书馆的职工承担，高校图书馆人员构成素质不是很高，高学历人才不多，一般都不是专任教师，既要有教学水平，又要能跟随信息技术的变化不断提升自身能力确实对于图书馆职工来说有一定的难度。

1.2 高校信息素养教育发展的机遇

"成也萧何，败也萧何"，信息技术的发展给信息素养教育带来巨大冲击的同时，也给信息素养教育发展带来了机遇，信息技术带来了复杂的信息生态环境，使得信息素养教育在发展的道路上面临困境和被边缘化的危险，是墨守成规，还是壮士断腕、刮骨疗伤去面对挑战，寻找发展的机会，这是在夹缝中求生存、求发展的信息素养教育应该正视的现实和问题，而ACRL2015年颁布

的《高等教育信息素养框架》为信息素养教育发展带来一缕曙光，开辟了新的发展空间。

1.2.1 新型信息生态系统引发新的信息素养教育理念

ACRL在2000年发布《高等教育信息素养能力标准》（下称《标准》）至2015年颁布《高等教育信息素养框架》（下称《框架》）的15年间，《标准》被世界高等教育界普遍认可，而且期间《标准》曾多次修订，但是，面对信息环境的变化，2012年ACRL理事会达成一致意见，对《标准》作颠覆性变革，并于2015年3月颁布了《框架》的正式版本，引发图书情报界极大反响，褒贬不一，尽管众说纷纭、各持己见，《框架》字里行间体现的前瞻性势必引发信息素养教育理念的新思考，其对未来信息素养教育的理论和实践指导作用将日益凸显。

1.2.1.1 从《标准》到《框架》转型的必然性

1.2.1.1.1 信息生态系统的变化是信息素养教育从《标准》到《框架》转型客观因素

以互联网为代表的信息技术革命，导致信息载体与传播方式发生剧烈变化，传统纸质印刷型信息传播渠道逐渐退出媒体的主战场，越来越多的新媒体如APP、视频、播客或各类层出不穷的在线多媒体日益占据信息通道，这种技术带来的变化致使人类赖以学习、工作和生活的信息生态系统呈现动态和不确定的特点。信息环境的变化也促使个体的信息行为、知识创造形式发生改变，如今的大学生比过去拥有更为宽广的信息世界，他们不仅是信息的使用者，还是信息的创造者，或者说大学生在创造新知识、认识信息世界等方面发挥着更大的作用。2000年颁布的《标准》虽仍具有参考价值，但其反映的是十几年前的信息生态环境，与当前的教育和学习环境已不匹配，因此，为培养和帮助学生适应不断变动的信息环境，信息素养教育者的教育方式也在悄然发生改变，从《标准》到《框架》的转型具备了客观必然性。

1.2.1.1.2 主动适应信息生态系统是信息素养教育从《标准》到《框架》转型的主观因素

近几十年来，信息技术和信息环境的快速发展引起了社会生活各方面的巨大变化。来自计算机科学、传播学、教育学等领域的学者们对信息社会中人们应具备的素养进行了广泛研究,提出了信息素养、数字素养、媒介素养、视觉素养、信息通信技术素养等一系列相似又不同的概念,这些概念区别、补充甚至取代信息素养,逐渐造成使用混乱和观念冲突,间接挑战了《标准》的地位,信息素养的内涵必须有所拓展和改变,《框架》的制定正是基于这样一个信念,创设了元素养概念。《框架》指出,现在是需要用新眼光来审视信息素养的时候了,尤其要站在高等教育发生的变化,以及越来越复杂的信息生态环境等角度进行审视。由此可见,从《标准》到《框架》的转型是信息素养教育主动适应环境的内在必然结果。

1.2.1.2 解读《框架》

1.2.1.2.1 《框架》内容架构

《框架》包括三大部分:引言,框架要素,附录。(如图4-13所示)

高等教育信息素养框架

1、引言

2、框架要素
- 2.1 权威的构建性与情境性(Authority Is Constructed and Contextual)。
- 2.2 信息创建的过程性(Information Creation as a Process)。
- 2.3 信息的价值属性(Information Has Value)。
- 2.4 探究式研究(Research as Inquiry)。
- 2.5 对话式学术研究(Scholarship as Conversation)。
- 2.6 战略探索式检索(Searching as Strategic Exploration)。

3、附录
- 3.1 附录一:框架实施
- 3.2 附录二:框架的制定背景
- 3.3 附录三:延伸阅读

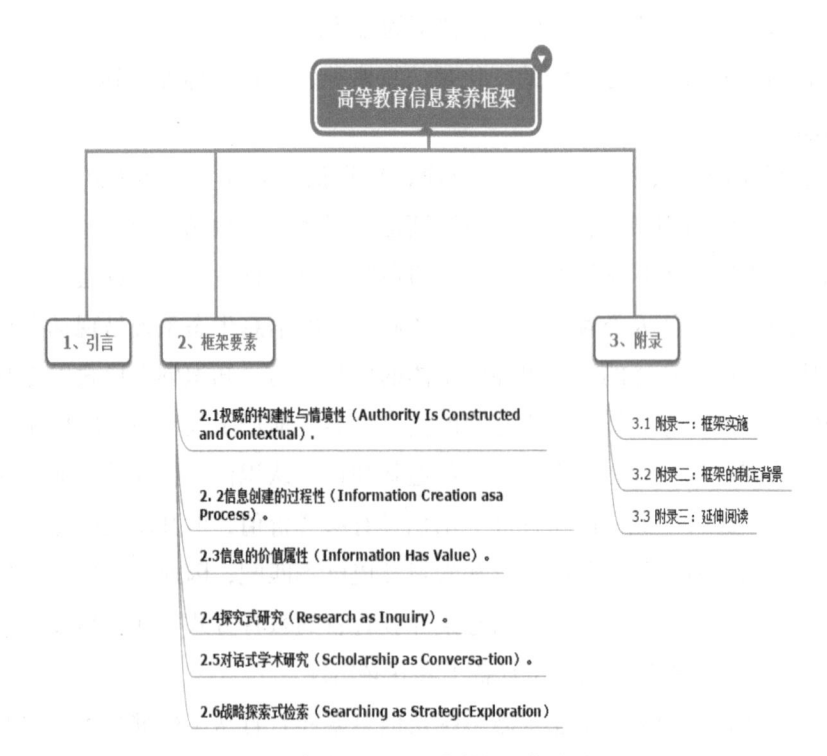

图4-13 《高等教育信息素养框架》内容架构

第一部分,引言。主要交代了框架产生的必然性、作用等内容

第二部分,框架要素。主体内容按六个框架要素编排,每一个要素都包括

一个信息素养的核心概念、一组知识技能及一组行为方式。

第三部分，附录。

附录一：框架实施，主要给出针对教师和管理人员使用《框架》的建议。

附录二：框架的制定背景，介绍了《框架》的形成过程。

附录三：延伸阅读，介绍了一些参考阅读材料。

1.2.1.2.2 《框架》精神实质

《框架》字里行间表达其制订的精神实质包含以下几点。

《框架》摒弃了《标准》中罗列的一整套固定的学习效果或技能的做法，而是围绕将与信息、学习、研究和学术相关的概念或理念进行整合，形成一系列关于信息素养相互关联的核心概念集合。

《框架》创设了元素养，通过对新媒体环境下相关素养概念的整合、吸纳，将信息素养的技能范畴从信息的确定、获取、定位、了解、生产及使用拓展到参与式数字环境下的信息的协作、创造和共享等，即元素养是一种新信息生态系统中无论是信息消费者或有效参与合作的信息生产者抑或信息消费和创造兼备的社会成员都应具备的综合能力。

《框架》引导信息素养教育工作者认识到，由于信息环境变迁，导致人们赖以学习、工作和生活的信息生态系统处于动态、不确定的状态，是否合理使用信息、数据和学术成果创造新知识的能力在人们认识信息世界的轮廓和变化方面占据了重要的分量，对此，信息的生产者、合作者和传播者在运用信息参与研究和创作时，需要付出更多的批判性思考和反思。

《框架》意在挖掘信息素养潜藏的巨大能量，试图在促进信息素养教育本身成为更有深度、更加系统完整的学习项目的同时，将其嵌入学生在大学学习期间的专业课程、科学研究过程、团队合作学习及课程辅助学习等方方面面。

《框架》深刻意识到并强调合作的重要性，认为合作有助于提升学生对知识创造和学术研究过程理解上的潜能，有利于学生的参与度与创造力的提高。

1.2.1.2.3 解读六个框架的要义

精读《框架》后，本人结合自己二十余年的教学经验，根据自己的理解对六大框架要素的主要内容进行解读，以期能更对我校乃至国内对信息素养教育理论研究和教学实践起到指导作用。

框架一：权威的构建性与情境性（authority is constructed and contextual）。

本概念框主要培养学习者对信息权威性的态度，在当前信息传播渠道、媒体类型呈多样化的信息生态系统中，信息源、信息需求和信息的使用方式决定了信息的权威性，权威性既是构建的，也是情境化的，应该以怀疑、开放的态度来看待它。

学生在知识和技能方面涉及：定义各种权威性；确定资源的可靠性；了解权威和有争议的权威的学科背景；通过媒体格式和内容形式确认权威性；权威性有发展的过程；理解信息生态系统的社会属性。

学生在认知情感方面应做到：观点冲突时保持思想开放；尽力寻找权威性资源；带着怀疑和无偏见意识评价内容；质疑权威，确认各种观点；有目的地使用回归的自我评价。

框架二：信息创建的过程性（information creation as a process）。

本概念框主张信息因研究、创造、修改和传播信息的迭代过程不同而有差异，即信息创造与传播具有动态性，依靠信息创造的基本过程和最终产品，批判地评价信息的有用性。

学生在知识技能掌握方面包括：阐明过程对信息开发的影响；根据创造过程评价信息产品；阐明学科的新、旧创造与传播过程；认识格式对感知信息方式的影响；确认格式何时是静态的或动态的及其含义；了解不同情境下信息产品的价值。

学生在情感认知方面应达到：寻求基本创造过程的特性；评价信息产品与信息需求的匹配；承认信息创造有不同形式和格式；接受歧义；确认最恰当的信息创造和传播形式。

框架三：信息的价值属性（information has value）。

本概念框认为信息拥有多重属性价值，它可能表现为商品、教育手段、影响方式及谈判和认知世界的途径等，也可能是信息行为中蕴含巨大法律和社会经济利益且具有交换及使用价值的隐私权和知识产权保护等。

学生在知识技能掌握方面包括：注明出处以表达对原创的尊重；了解知识产权、版权及隐私权相关知识等。

学生在情感认知上应做到：尊重他人的原创观点，充分重视他人在知识生产过程中所付出的技能、时间和精力；明确在信息社会里，每个个体不仅是信息的消费者，也可能是信息的制造者或信息市场的贡献者；善于在众多的媒体平台中明智地选择信息产品的发布途径、传播方式等；意识到在线交互可能影响信息的生成、获取、传播及个人信息商品化等问题，并能在信息对话的过程中既确保自身的隐私权、相关知识产权不受侵犯，又尊重他人的相关权利。

框架四：探究式研究（research as inquiry）。

本概念框关注面向包括发现问题、研究探索、形成新认知、获取研究成果等一系列科学研究全过程涉略的信息活动。

学生在知识技能方面应达到：在研究过程中能构思和发现相关问题；明确研究内容的归属范围；善于将复杂问题简单化；了解并综合运用各种研究方法；能运用管理软件管理信息并正确合理评价信息；汇总综合不同渠道的信息源的思想，有意义地组织信息；掌握信息分析的科学方法，并能通过信息分析、推导出合乎情理的研究结论。

学生在情感认知方面应做到：明确研究是开放式的探索过程；领会发现问题可能比得出结论更困难、更复杂也更重要；评价求知欲；保持开放和批判性的思想；评价研究过程中的持久性、适应性和灵活性；寻求多个视角；需要时寻求帮助；合理、合法地收集和使用信息。

框架五：对话式学术研究（scholarship as conversation）。

本概念框围绕学术研究过程中的信息交流与协作，认为穿梭在学术研究不同阶段、形式各异的讨论、对话，有助于科研团队或科研人员在相关领域交换不同的想法、视角或理解，并通过交流、争论达成一致观点或形成相互竞争、相互掣肘的论点，促进学术探索不断深入，渐渐取得对研究问题较清晰的认知；认为持续有效的学术交流和对话引发各种新见解、新发现、新观点的产生；信息技术的发展为研究人员提供了更为广泛的发表见解的渠道及学术交流对话的新模式。

学生在知识技能方面应达到：合理引用他人的文章；善于利用各类论坛以促进学术交流；善于发现、确定及解决对话的障碍；批判地评价他人的文章；确定重要著作对学科知识的贡献；明确学术观点随着时间变化的动态性；认识到已有的著作不是唯一的视角。

学生在情感认知方面应做到：承认学术是持续的对话；在学科内寻求对话；确立信息贡献者和消费者的双重身份；认识到学术对话发生在各种场合；适当悬置判断，直到对更大的背景理解后作出合理判断；理解参与学术交流的责任；评价用户的内容；认识到参与和介入学科知识的权利。

框架六：战略探索式检索（searching as strategic exploration）。

本概念框探讨新技术环境下信息检索的过程、特点及策略。首先，信息的查找范围在新信息环境下被极大扩充，检索行为扭转过去的单一局面向复杂、多样和多维转换，成为螺旋式循环递进的过程；其次，信息的获得可以是检索查询、发现和偶然所得的结果，这就要求检索过程需要从问题出发，评估广泛的信息源，以确定可利用的信息源和相关的检索途径；信息检索是一个综合检索者认知、情感和社会关系等因素的情境化探索过程，一方面，这些因素影响着检索者的检索行为，另一方面，检索结果也改变或提升检索者的认知、情感及社会关系等。

学生在知识技能方面应达到：确定信息需求；识别潜在信息贡献者并访问其信息；利用发散和收敛思维；协调信息需求、检索策略和工具之间的关系；制订修改搜索策略；了解信息组织方式并能有效地访问信息；善于应用各种检索语言；管理检索过程和结果。

学生在情感认知方面应做到：表现出精神上的灵活性和创造性；理解研究的递归性质；认识到信息源有不同的相关性和价值；寻求专家的指导；认识到浏览的价值和收集信息的其他偶然方法的价值；认识到已经收集足够信息的时机。

1.2.1.2 《框架》蕴含的信息素养教育新理念

《框架》的成功之处是把信息素养教育从一系列静止能力标准的培养转变成注重通过感知、交流、批判性思维和创造信息的动态过程，把信息素养的培养融合到有机动态的信息生态系统中去，重视受教育者的情感认知及信息需求的场景模式，这种转变赋予信息素养教育理念、范畴极大的弹性，使得信息素养教育既可以是面向大众的通识性教育，也可以是面向创新人才的高层次素质教育。

1.2.1.2.1 《框架》将信息素养教育从传统信息检索领域拓展开来

《框架》中的框架六"检索即策略性搜索"，相较于传统信息素养教育对检索能力的培养而言，更关注信息获得的递进性，即检索能循序渐进地把问题不断向深层推进，检索变成一种探究的学习或研究过程，不再是传统的单一检索解决某一问题，这意味着检索成为知识建构过程中重要的环节，这种理念对于培养学生的学习、研究能力非常重要。

1.2.1.2.2 《框架》将信息素养教育贯穿于信息创建的全过程，拓宽了信息素养教育的课程体系

《框架》中的框架二"信息创建的过程性"指出信息创造与传播呈动态性，对信息有用性的评价应根据信息的创造过程和最终产品，很显然从信息的生产到成品，由成品到传播，再由传播到被利用产生新信息，这一系列过程充满无限的变数，这中间可以衍生出信息格式识别、信息检索与获取、如何管理信息、信息检索结果的分析、信息的价值评判等与一系列与信息素养教育相关的课程，《框架》把"信息创建的过程性"作为信息素养教育的一个"阈概念"是基于"信息是动态的"理念，这种新信息动态性理念拓宽了信息素养教育的范围，也给当前频受新信息生态系统冲击的教学内容单一的信息素养教育带来新的内容。

1.2.1.2.3 《框架》将信息素养教育与对受教育者的批判性反思能力培养及创新行为结合起来

《框架》中的框架一"权威的构建性与情境性"强调对权威信息源应抱有怀疑和保留的态度；框架二"信息创建的过程性"认为对信息的有用性应持批判性评价，这种批判性反思的能力成为信息素养教育的重要内容，而这种批判性思维能力恰恰是创新过程所必需的思维方式；框架四、框架五将"探究性研究"和"对话式学术研究"作为"阈概念"，强调了信息交流和协作能力是渗透到学术、科学研究过程中应该培养的信息素质，这些新的观念无疑是与时代"创新理念"同行的，也是与"创新2.0"提倡的"合作、共享"不谋而合的，同时，它们也为信息素养教育的未来发展指明了方向。

1.2.1.2.4 《框架》将信息素养教育融入探究性研究和学术对话的过程，为信息素养教育流程的重塑提供新思路

《框架》中的框架四"探究式研究"将信息素养教育渗入科学研究全过程的信息活动，这就为重塑课程体系、培训指导、作业乃至教学计划等提供新思

路;《框架》中的框架五"对话式学术研究"将科学研究中的信息交流与协作纳入信息素养教育范畴,为创新和再造信息素养教育模式及流程提供了新路径。

1.2.2 新型信息生态系统拓宽了信息素养教育的范畴

人类社会渐渐步入信息时代,层出不穷的新信息技术引领人类的活动越来越多依赖信息,从日常生活到学习、工作,信息成为人类思考、决策和行动等不可或缺的重要依据,这种社会需求极大地拓宽以提升人类获取、管理和利用信息为主的信息素养教育的内容和目标范畴。

一方面,传统的信息素养教育的内容主要集中在信息的获取,即信息检索。随着信息检索技术的发展,检索对人的技能要求愈来愈低,显然信息素养教育如果坚守原来的教育内容是没有出路的,新型信息生态环境为信息素养教育的内容提供了丰富的素材,由于人类越来越依赖信息,信息从产生到传播到管理再到应用这一系列过程都成为信息素养教育内容的组成部分。因此,虽然信息检索越来越"傻瓜式",但是数据收集和传播技术带来信息共享便捷的同时导致数据庞大繁杂,造成数据的采集和分析难度很大,并不是简单的接收和处理就可以利用,而是要把大量的数据进行有规律的处理和归并,这是一个复杂而不断重复的过程,亟需掌握高效的方法和娴熟的技巧,并非简单的过程,信息用户只有在完成这一系列相关工作的基础上才可以根据自己的需求选择信息。这就为信息素养教育发展提供了空间,转变信息素养教育能力的培养方向,在培养学生提高传统的检索能力的同时培养学生的信息管理分析能力。

另一方面,信息素养教育的目标范畴随着教育内容的变化也得以拓宽,由传统的对信息素养技能的培养提升到创新型人才的培养。即通过传授大学生在获取、管理、利用和创造信息过程中应当具备的信息知识、信息能力、信息意识及信息道德等信息素养相关教学内容,培养大学生运用信息开展自我学习、科学研究、学术对话及终身学习的能力,促进大学生养成对信息资源的批判性应用和正确对待权威的辩证思维方式,深刻认识到信息素养在创新活动中的重要性,成为具备创新意识、创新能力和协作共享、能适应信息社会技术变化的创新型人才成为高校信息素养教育更高远的目标。

1.2.3 新型信息生态系统为信息素养教育发展提供新思路

信息加工及传输技术发展,人人都能成为信息发布者和共享者,信息是海量的、纷杂的，未加甄别采集到的信息并不都是真实有效的。所以，在对信息获取和选择时，就要求有批判性思维，仔细甄别信息的来源，这同《框架》中所提到的信息创建过程中的批评性评价信息有用性及信息价值性的评判是相吻合的，这些都为信息素养教育的发展提供了思路和技术基础。

2. 擘画高校信息素养教育发展战略

信息技术的发展，引发人类信息生态系统产生了深刻的变化，面对这样的变化，美国的信息素养教育界及时作了相应的调整和规划，在高等教育领域，由《高等教育信息素养能力标准》向《高等教育信息素养框架》转变，在我国，1984年，教育部发布了《关于在高等学校开设"文献检索与利用"课的意见》的通知；1985年、1992年，又相继发布了文献检索课专门指导文件，皆为中国高等学校开展以文献检索课为核心的信息素养教育实践提供了政策依据和规范准则，有效推动了信息素养教育的普及和发展。近三十年时间过去，信息环境发生了深刻的变化，虽然各个高校都蠢蠢欲动在可能的范围内调整信息素养教育策略，而且，各地高校图工委也在努力推动信息素养教育的政策制订，如2017年，教育部高校图工委信息素养教育工作组拟稿的《关于进一步加强高等学校信息素养教育的指导意见》，但是，目前我国绝大多数高校仍仅凭教育部颁布的《普通高等学校图书馆规程》里的寥寥数语各自为政开展信息素养教育，迄今并没有一个整体性、战略性的适应新信息环境的指导高校信息素养教育的文件。其实，面对扑面而来的信息技术变迁所带来的教育领域的变革，信息素养教育亟需一整套指南性文件以确立高等教育中信息素养教育的地位和功能，为具有中国特色的信息素养教育的顺利开展保驾护航。鉴于此，笔者虽人微言轻，但仍就此发表自己的想法。

2.1 与时代同行，整体规划高校信息素养教育策略

以高校图书馆为依托的信息素养教育是高等教育体系中不可或缺的组成部分，"立德树人"是高等教育的根本任务，信息素养教育侧重培养具有运用信息完成自我学习、科学研究、学术对话和终身学习能力的社会主义的建设者和接班人，高校信息素养教育应与时代同行，时刻牢记"为谁培养人"，从"立德树人"根本任务出发整体规划具有中国特色的高校信息素养教育体系。

2.1.1 明确高校信息素养教育的政治目标，建立具有中国特色的信息素养教育课程思政体系

党的十九大报告中提出"要全面贯彻党的教育方针，落实立德树人根本任务，发展素质教育，推进教育公平，培养德智体美全面发展的社会主义建设者和接班人"。2016年习近平总书记在全国高校思想政治工作会议上再次强调："不能把思政工作只当作思政课程的事，其他各门课都要守好一段渠、种好责任田，要与思想政治理论课同向同行，形成协同效应。"基于十九大报告及习近平重要讲话，2017年中共中央办公厅、国务院办公厅联合出台的《关于深化教育体制机制改革的意见》明确要求："健全全员育人、全过程育人、全方位育人的体制机制，充分发掘各门课程中的德育内涵，加强 德育课程、思政课程"。

这些理念、政策及导向为高等教育信息素养教育课程指明方向，反观我国信息素养教育长期以来跟随美国的步伐，更多是从信息资源利用的角度嵌入学科专业领域获取、管理和利用专业信息，鲜少从思想政治工作融入课程的立德树人教育视角开展信息素养教育，而事实上，由于信息素养教育课程的极强包容性和延展性，课程本身的专业知识传授、嵌入各学科的专业教学实习或实践等各个环节都极易与思政元素无缝对接，鉴于此，面对当前轰轰烈烈的"课程思政"教学改革热潮，高校信息素养教育应寻找课程思政元素建立课程思政体系。

2.1.2 以社会对人才的需求为核心分层次建构信息素养教育目标体系

信息素养作为一种元素养，其本身是随着人的成长、受教育程度的提高不变提升的过程，因此高校信息素养教育应根据学生的受教育程度（本科生、硕士生、博士生）分层次开展，可以从提升学习能力到提升科研能力再到创新能力培养三个层面构建信息素养教育目标体系以满足社会对人才的需求。

2.1.3 围绕信息素养教育目标，设计信息素养教育课程体系

组织相关的专家，根据不同的信息素养教育目标，设计相应的信息素养教育课程，形成信息素养教育课程体系。例如：以提升学习能力为目标的信息素养教育可设图书馆利用类的课程；以提升科研能力为目标的信息素养教育可设嵌入式课程；以培养创新能力为目标的信息素养教育可设与学术对话、创客空

间有关的课程等。

2.2 与技术同行，谋划高校信息素养教育发展战略

互联网技术、云计算、大数据和人工智能，面对技术的迅猛势头，以图书馆为主的信息素养教育界应具有预见性，与技术同行，发挥信息中心优势，综合利用各种新技术，捕捉机会，抢占先机，形成合力，从技术层面谋划高校信息素养教育发展战略。

3. 运用战术，推动高校信息素养教育发展

高校信息素养教育在政策指导下更多要落实到教育过程中去，从每个知识点、每个细微处着手，注重教育的方式方法，不断引入新的教育理念，运用各种教育媒介，这就要求信息素养教育者在实施教学工作时要讲究战术，综合运用各种技巧，在互联网+、大数据和"双创"理念背景下，推动高校信息素养教育向前发展。

3.1 互联网+背景下，运用互联网思维，开辟高校信息素养教育新天地

在我国，信息素养教育以课堂教学或开设讲座的方式开展仍占多数，但是，随着计算机和网络通信技术的迅猛发展，在"互联网+""云教育"的新信息环境下，为高校信息素养教育提供了更多软硬件设施保障和技术条件支撑，信息素养教育者借鉴教育领域的新理念，尝试在高校信息素养教育过程中植入新技术、新手段、新方法，紧随时代发展的步伐，打破固有思维模式，转变教育理念和培养方式，不断优化和创新信息素养教育模式，积极探索培养能适应新信息生态系统变化的高综合素质人才的有效路径。

3.1.1 高校信息素养教育发展呈现新业态

在技术及自身发展内需等因素的积极推动下，高校信息素养教育不断引进新的理念、新的教育媒介，出现新的发展业态。

3.1.1.1 传统课堂与网络数字化课堂相结合，形成混合式、多线程信息素养教育模式

目前，线上线下相结合的教与学方式以其良好的交互性、趣味性、拓展性等优势在教育领域被广泛应用，这种混合式教学模式也日渐成为信息素养教育新的特色和趋势。

视频、微视频、大型在线公开课、虚拟课堂等多种在线教学形式的出现，带来了丰富的教学资源，部分取代了教师课堂讲授的内容，教师利用网络相关教学资源组织、设计教学内容，规划和监测学生的学习过程，并从线上线下指导学生学习，完全颠覆了传统课堂以教师讲授为主的教育模式，并能有效提高学生的学习效果。

信息素养教育的混合式教育模式比较成功的案例是武汉大学信息管理学院黄如花教授的"信息检索"慕课，该课程于2014年9月1日在中国大学MOOC平台上线，该课程综合应用视频、音频、富媒体等多媒体元素，在线课堂灵活生动，还可以实现在线学习交流，因此，深受学习者的欢迎，在线下，设置教师辅导及讨论环节和大数据挖掘与分析等功能，有助于教师充分了解学习者的学习行为与需求，从而达到学习主体、学习环境、学习资源、学习方法等多种维度融合，将传统课堂与网络课堂有机结合。

3.1.1.2 借助知识点模块化与知识关联，促进高校信息素养教育个性化或定制化学习、嵌入式教学简单易行

所谓"知识点模块化"是指将课程教学内容进行梳理后拆分、细分、归纳、精炼出知识点，尽力做到言简意赅、精准无误，以便后续知识点的逻辑重组，生成适合不同类型、不同层次的学习者需求的阶梯式的教学模块者教学资源库，方便学习者好比吃自助餐一样根据自身的喜好或需求灵活选择学习内容，自行设计符合个体需要的个性化学习方案，实现"因材施教"和"个性化学习"。

所谓"知识关联"是利用互联网技术的"链接"功能，将同一知识门类下的不同知识以非线性的方式相互关联，供学习者延伸阅读，"知识关联"有效建立了知识获取的便利通道，提高知识获取的效率，降低了知识获取的成本。

知识点模块化与知识关联，为信息素养教育开展个性化教学带来了希望，帮助学习者根据自身的信息素养状况和学习习惯，从教学资源库中遴选出最匹配的信息素养教学模块或方案，量身定制个性化的学习方式和内容。当前，在信息素养教育领域出现的微课、微视频、微讲座等，正是顺应学习者可以自主、自助、自发地选择学习路径和内容的个性化学习需求而产生的。

沈阳师范大学图书馆自主开发的"微知·微动力"系列微课，就是通过知

识点模块化与知识关联，促进个性化或定制化学习的典型代表，该系列课程，就是通过拆解信息素养教育课程知识内容，抽取相关概念、知识点等百项微主题，制作成微课，供学习者在线观看学习。这类信息素养教育的微模式，微而不小，一方面，微课程化整为零、短小精悍、易于传播，教育效果显著；另一方面，由于知识点的单义性，教学内容可嫁接性、可扩充性强，能够以小见大，有利于学生进一步拓展学习。

此外，承载着精炼后的信息素养教育内容的细分知识单元和袖珍的教学视频，易于与专业课程内容渗透交织，促进模块化的信息素养教育课程知识点灵活嵌入到专业教学或网络教学平台中去，达成与专业课程教学内容完美融合的教育目标。

3.1.1.3 高校信息素养教育伴随着在线教育平台和社交媒体的广泛应用，日益呈现开放化、社区化和协作化

高校信息素养在线教育平台主要来源一些高校的精品课程网站、MOOC平台及各类的门户网站，这些平台提供了大量开放共享度极高的优质信息素养教育教学资源，吸引了大量的用户，破解了传统信息素养教育受时空限制的难题，受众面从大学校园拓展到社会。

各种图书馆学、情报学博客、网络社区、论坛、QQ群等信息素养教育社区化空间如雨后春笋般层出不穷，这些社交媒体聚集了大量业内学者和众多的学习者，通过求助、讨论、交流等途径，汇集了大量信息素养方面的学习资源，形成了学习社区化和协作化等特点。例如，淮海工学院图书馆图谋老师于2015年5月创建图情专业QQ交流群——"圕人堂"，汇聚了图书馆员、教师、图书馆学、情报学专业学生、研究人员、图书馆学、情报学专业出版编辑等1 500多人，群里的成员在群里分享信息、开展讨论和交流，每周"圕人堂"还将群内研讨的议题及内容加以整理后编辑成对外公开的《圕人堂周讯》。

3.1.1.4 移动信息素养教育悄然兴起

亚琛工业大学的BallagasR在2004年普适计算大会上提出，人们携带自己的设备（如手提电脑、平板电脑、智能手机或其他移动设备）办公的BYOD（bring your own device）观点，这种办公方式打破了时空、设备、人员及网络等的限制，可以随时随地办公；2011年2月硅谷创投教父、美国KPCB（凯鹏

华盈）风险投资公司合伙人约翰·杜尔（John Doerr））首次提出"SoLoMo（社交本地移动，social、local、mobile），即利用移动网络提供基于本地位置的服务，建立更为广泛和稳定的社交网络；随着5G时代的到来，移动互联网渐渐成为信息通讯的主流方式，利用移动设备获取信息成为主渠道，BYOD、"SoLoMo"等模式被国内学者引入信息素养教育，应用移动技术开展信息素养教育也正在成为发展新趋势。

事实上，国内外对移动信息素养教育已有一些尝试。国外如印度RamKum Dangi等探讨了贝拿勒斯印度教大学图书馆应用移动APP开展信息素养教育。国内如李懿等人提出了构建移动学习的高校信息素养教育应用体系；杨潇等人指出高校图书馆要应用二维码技术及微信、微博等网络信息交流平台开展手机嵌入式信息素养教学，开发手机应用程序，将智能手机的移动学习引入信息素养教育中。

总之，移动信息素养教育模式，有着传统信息素养教育无法比拟的优势，具有广阔的发展情景。

3.1.2 互联网思维指导下的"互联网+信息素养教育"创新实践

"互联网+"使教育环境迈向信息化，它给信息素养教育领域也带来了革命性的影响。合作化、个性化、移动化、数字化等学习方式成为教学常态，面对新技术带来的挑战与机遇，信息素养教育创新实践活动在世界范围如火如荼地开展，新的理念、新的模式、新的概念被不断纳入信息素养教育实践中，MOOC、翻转课堂、嵌入式、微课等融合互联网思维的创新性教学实践活动在信息素养教育领域广泛开展。

3.1.2.1 融合了"3大互联网技术思维"的MOOC被引入信息素养教育实践

MOOC是大规模开放在线课程教育平台的缩写，MOOC课程有大规模、自由参与、内容组织灵活、强调互动等特点，集中体现了平台思维、用户思维和跨界思维3大互联网技术思维的应用。

首先，高校图书馆利用MOOC平台开展信息素养教育，已经将借助平台技术发展自身的平台思维融合在信息素养教育中。

其次，丰富多样的信息素养教育MOOC课程，体现了以用户为中心的互联网思维。借助爱课程网站的中国大学MOOC，中国科学技术大学罗绍峰打造了

"文献管理与信息分析"信息素养教育课程、武汉大学黄如花设计了"信息检索"信息素养课程、中山大学张志安开设了"网络素养"课程；借助Coursera平台，北京大学凌斌开设了"论文写作与检索"信息素养教育课程，复旦大学程士安开设了"大数据与信息传播"课程、美国西北大学O.R.Youngman开设了"理解谷歌，理解媒体"课程；此外，还有将以案例方式将信息素养教育内容融入其他专业课的MOOC课程。上述信息素养教育课程的最终目标是为学生服务，是以学生为中心，学生是教育的对象，是教育的客户，这是用户思维的体现。

最后，MOOC应用于信息素养教学把互联网技术应用于信息素养教育是跨界融合思维的体现，另外，随着国内高等教育逐步引入MOOC，MOOC渐渐与传统课程相结合，成为丰富教学手段与尝试改进教学理念的途径之一，这无疑是"跨界思维"在线上线下课程融合中的应用。

3.1.2.2 蕴含"跨界思维、极致思维和用户思维"的嵌入式教学成为信息素养教育创新实践热点

嵌入式教学模式是跨界融合思维在信息素养教育中应用的典型代表，把信息素养教育同专业学科教育相结合，体现了合作性，而把游戏嵌入信息素养教育则体现了以用户中心的思维及打造"让用户尖叫"的产品的极致思维。

早期嵌入式信息素养教育主要是通过图书馆员的教学、图书馆资源与服务等嵌入到专业课程课堂或在线平台中，有机融合信息素养知识和专业知识，促进学生利用信息素养的检索技能获取专业知识，在这个过程中学生既提升了信息素养水平又丰富了专业知识。国内外相关实践较多，如美国南卡罗莱纳大学艾肯分校图书馆员K D.Weaver将信息素养知识通过交际课堂教学、小组辩论、期末考试等环节融入"口语交际基础课程（basic oral communication course）"；上海交大汤莉华分别采取全程跟踪式和一次介入式嵌入媒体与设计学院的"传媒市场调查与分析"和"英文报刊导读"两门课程；香港中文大学图书馆制作了涉及搜集资料的准备工作、制定检索策略及如何选择、搜寻、评估资讯等信息素养技巧的在线课程"LIB101 Information Literacy Skills in Business"（针对工商管理专业）、"LIB102 Information Literacy Skills in Education"（面向教育专业）嵌入到Moodle教学平台。

近年，嵌入式信息素养教育实践拓展了范围，除嵌入课程和教学平台外，还包括以下两种方式。

一类是将游戏嵌入到信息素养教育。这种嵌入方式使得紧张的学习变得轻松有趣，一方面，学生通过游戏学习到了具体的搜索技能；另一方面，游戏创设的"过关"等测评环节帮助学生自我检测，寓教于乐的游戏化信息素养教育带给学生美好的体验，有效提高学生对信息素养教育的关注和兴趣。我国高校图书馆开展游戏嵌入信息素养教育的有清华大学、北京大学、武汉大学、华中师范大学、福建农林大学、台湾大学等，例如：福建农林大学图书馆开发了新生入馆教育游戏平台，通过游戏闯关的方式把图书馆的图书分布、排架等内容纳入新生入馆教育；清华大学图书馆设置了"排架也疯狂"和"书之密语"游戏；北京大学图书馆设置了"密室逃生"游戏；华中师范大学图书馆设置了"图书分类"游戏等。

另一类将信息素养教育嵌入大学生专业论文写作培养实践中。例如：福建农林大学通过开设"信息检索与利用（嵌入式教学实践）"，把文献管理软件的使用与大学生课程论文或毕业论文的写作结合，与专业老师配合，教会学生选题、利用NoteExpress进行文献管理和论文写作，并对论文进行检测，培养大学生开展学术研究、提高信息道德等方面的信息素养。

3.1.2.3 信息素养教育尝试体现"用户思维和跨界思维"翻转课堂教学模式

"翻转课堂"又称"反转课堂""颠倒课堂"，该教学模式颠覆传统的老师讲授为主，学生为辅的教学方式，借助微教学视频在课前将新知识传递给学生，课中则以学生为中心，开展以协作学习、实践练习等为主题的学习活动。相较于传统的教学模式，翻转课堂倚仗丰富的微视频教学资源重构教与学的流程，凸显学生的主体性，强调学习的主动性、互动性。翻转课堂体现的是用户思维和跨界思维，即翻转课堂是教育与微视频的融合，以学生这个教育客户为主体。信息素养教育领域也有学者尝试翻转课堂教学模式，例如：西南交通大学图书馆陈晓红尝试开展了将MOOC与翻转课堂相结合的信息素养教育新模式；重庆大学在新生入馆教育、信息共享空间的信息素养培训活动和文献检索课教学等尝试用翻转课堂的教学模式进行读者信息素养教育。

3.1.2.4 基于移动互联网思维的微课程应用于信息素养教育实践

"微课"的概念是由佛山市教育局胡铁生在国内首次提出的，随后，微课因其短、小、精、成本低廉且灵活等优点，得到教育界的广泛关注和认可，与大型在线课程MOOC等相比较，微视频具有内容针对性强、使用更便捷、形式更碎片化等优势。

我国学者近年应用微课对信息素养教育进行了新的研究和探索，主要是依靠视频网站、网络社群和自媒体等汇集社会公众力量打造开放式的信息素养教育微视频案例库，如北京师范大学图书馆2015年3月推出的信息素养教育微课程；四川师范大学图书馆开发建设的信息素养微视频案例库等都是提高信息素养教育效果及信息咨询效率的有益尝试，微课教学是互联网社会化思维、迭代思维和极致思维的集中体现，也与移动互联网思维中的碎片化思维、焦点思维相契合。

3.1.2.5 福建农林大学基于互联网+思维的立体多维信息素养教育体系构建

焦海霞根据"互联网+"的基本原理，本着《高等教育信息素养框架》中提高用户"元素养"的教育精神，坚持"创新、可行、高效、开放"的原则构建了基于"互联网+"思维的"163"型信息素养教育体系，其中"1"指坚持以"用户思维"为指导，"6"指应用"大数据思维、痛点思维、简约思维、迭代思维、极致思维、流量思维"6大思维打造信息素养教育"产品"，"3"是指依托"平台思维、跨界思维、社会化思维"3大主流技术作为支撑，构建信息素养教育生态圈，保障信息素养教育活动稳健有序地开展。

借鉴163教育体系，笔者以福建农林大学图书馆及教务处教学服务平台为支撑，福建农林大学公共必修课程"信息检索与利用"及"信息检索与利用（嵌入式教学实践）"为载体，从福建农林大学的实际出发，构建适合本校信息素养教育生态圈。

首先，沿用163体系中的"1"，基于"用户思维"，以学生、青年教师的需求为主体，坚持"一切从用户中来，一切到用户中去"的指导思想，分层次结合专业开展信息素养教育。

第一，以图书馆资源为依托，针对不同对象分层次开展信息素养教育。

高校信息素养教育对象比较复杂，既有不同教育层次如本科生、硕士生和博士生等，又有不同工作内容的高校教师，如专门从事教学、科研工作或兼教学科研的教师，还有从事科研教学管理工作的管理人员，以及图书馆查新工作人员等，不同层次对象的信息素养需求是不同的，因此，以用户需求为中心构建立体多维的信息素养教育体系显得尤为重要。

结合福建农林大学的学生情况，信息素养教育课程主要面对本科生，对大一学生通过游戏软件开展新生入馆教育，向新生介绍图书馆的馆藏资源分布、借阅规则等，并结合学生手册内置图书馆使用规定，帮助新生尽快熟悉和利用图书馆。对大二、大三学生主要通过开设"信息检索与利用"及"信息检索与利用（嵌入式教学实践）"培养学生信息检索和利用的能力。对博、硕士研究生主要是通过开设专题讲座的方式开展信息素养教育；对教师则主要是应学院的邀请开设相关讲座等。

第二，以专业需求为导向，开展不同内容的信息素养教育。

高等院校是专业人才培养的基地，类目各异的专业所需要的信息素养是不尽相同的，信息素养教育应从宏观角度上加强信息素养教育体系的构建，开设适应不同专业内容的信息素养教育课程，将信息素养教育贯穿于整个培养计划和教学管理当中，注重信息素养教育与课程目标相结合，开展嵌入式的信息素养教育。例如：计算机工程专业的学生需要侧重于软件体系结构、面向对象程序设计和算法设计与分析等；广告学专业的学生需要搜索关于广告策划、广告心理学、传播学等方面的信息。把信息素养教育融入到不同专业的课程中，有利于增强学习的针对性，提高学生的学习兴趣，提升教学效果。

第三，基于平台思维、跨界思维，构建线上线下混合型信息素养教育生态系统。

平台化思维的要义是在开放、平等、共享基础上的资源整合和利用，借助高校图书馆的信息资源和已开发的教学软件，如超星的学习通、清华大学的"雨课堂"及基于慕课的专属在线课程（SPOC）等资源，做好课前发通告布置预习的资源（包括视频、课件及课前小测试等），课中实施以学生提问、讨论为主，教师讲解为辅的翻转教学，课后通过"雨课堂""慕课堂"等教学辅助软件的反馈系统，利用留言板、QQ、微信等社交软件与学生互动交流，收集学生的反馈意见，通过练习、单元测验、作业互评等方式对学生的学习情况进行评价，依据反馈数据，进行教学反思，有针对性地设计、更新、完善教学内容,优化网络课堂,实现资源整合能力最大化。

跨界思维主张打破边界,实现跨行业、跨领域、跨学科、跨边界合作,高校信息素养教育一直由图书馆承担,受信息生态环境、图书馆信息素养教育工作者的知识局限性及大学生的多样化需求等因素影响,高校信息素养教育必须打破院系、校际间的壁垒,实现专业、院系、校际甚至国际间的跨界合作。基于这样的思维模式,福建农林大学积极开展教学改革,在校教务处的支持下,信息素养教育课程由原来的一门"信息检索与利用"改为"信息检索与利用"和"信息检索与利用(嵌入式教学实践)"两门课,嵌入式教学实践就是与学院的人才培养计划相结合,在有课程论文写作的学期里安排"信息检索与利用(嵌入式教学实践)",并与专业老师配合,嵌入到学生的课程论文写作过程中去。

第四,综合运用大数据思维、简约思维、迭代思维、极致思维并融合移动互联网思维方式设计信息素养教育体系。

福建农林大学图书馆的信息素养教育除了给大学生开设"信息检索与利用"和"信息检索与利用(嵌入式教学实践)"外,还基于互联网思维创设了与受众紧密结合的信息素养教学内容和模式,构建完整的师生信息素养培养体系。

其一,运用大数据思维,分析学校师生对信息素养教育的诉求。

大数据思维通过分析隐藏在海量数据背后的规律性的内容及数据群之间的关联性,以此为据来做出决策。高校图书馆可以通过图书借阅系统、数据库访问日志及学科服务咨询平台等采集大量读者数据库访问、图书借阅、咨询等数据信息,通过分析读者的访问痕迹、借阅历史、咨询记录等行为数据,掌握师生对图书馆的诉求,从而为信息素养教育内容的设计提供依据。

其二,基于简约思维与移动互联网碎片思维,优化教学流程,细化教学内容。

简约思维的要点是专注于用户的兴趣点,强调"简约即美",达到"少即是多"的效果,移动互联网碎片思维则是把知识细化以利于人们利用零碎的时间加以学习。基于这两种思维模式,福建农林大学图书馆优化教学流程,简化理论课时,增加实践环节,调动学生的学习积极性和自主性;将知识模块化,在编写教材时分成理论基础、检索平台、管理与分析、实务操作四个理论与实践层次分明的模块，让学生很容易掌握课程的结构和内容框架；此外，我们正拟打造一个混合式教学模式，把知识点碎片化制作成微视频，开辟一站式便捷资源获取窗口，供学生利用碎片化时间完成课前预习和课后复习。

其三，基于迭代思维的递进信息素养教育体系构建。

迭代思维强调针对业务流程的细微处更迭创新，福建农林大学图书馆调动各部门力量，从图书馆业务和学生学习阶段两条线切入，多管齐下，构建完整的师生信息素养培训体系。一方面，从新生图书馆教育到一、二年级开设"信息检索与利用"课程，再到三、四年级开设"信息检索与利用（嵌入式教学实践）"，直至面向博、硕士研究生和教师开设信息素养相关讲座，细化各阶段的学习内容，创新教学手段，采用多元形式开展教学活动，完成阶段性的循环递进。另一方面，从图书馆业务出发，信息咨询部门承担了"信息检索与利用"和"信息检索与利用（嵌入式教学实践）"，并承担了部分专题讲座的任务；技术部门则维护新生入学游戏平台系统并通过WOS、Taylor& Francis平台发布网络在线课堂直播相关数据库的使用教学视频；文拓部门邀请各数据库商或专家到校为全校师生做信息素养讲座，并通过举办"信息素养达人"比赛等活动实现了信息素养水平从基本能力到专业能力的更迭递进。

其四，运用极致思维为师生提供最优质的信息素养教育产品。

极致思维以用户感受和极致体验为核心，在大数据思维分析了解师生诉求的基础上，精心制作和提供"深得、取悦和正中民心"的信息素养教育服务产品。福建农林大学针对学科专业特点运用案例、视频、演示及大学生广泛参与的情景式、探究式、发现式等多元化教学形式，形成以学生为中心的翻转课堂，通过"雨课堂""慕课堂"等智慧教学平台设立练习、投放调查问卷、发放红包等提高学生的参与度，使学生获得极致感受和体验，激发学生自主提高信息意识、信息道德、批判性思维能力的兴趣。

3.2 "创新2.0"引领高校图书馆信息素养教育迈向新征程

新技术带来了创新2.0所倡导的合作创新、协同创新，在这样的背景下，信息素养教育从对信息获取技能的培养向对信息利用和创新能力的培养转化，国内外高校信息素养教育纷纷向致力于创新能力培养范式变换，如英国曼彻斯特城市大学提出的可持续发展的信息素养教育InFlow模型、同济大学构建的"基于科研创新能力培养"的同济大学信息素养教育模型及将创客教育模式引入信息素养教育等都是有益的尝试，引领高校图书馆信息素养教育迈向创新型人才培养的新征程。

3.2.1 以协作创新和问题解决为导向的信息素养教育InFlow模型

在欧洲ITEC计划支持下，英国曼彻斯特城市大学融合现有的信息素养IL模型，提出了基于"询问、合作、搜索、想象、制造、思维导图、反思和展示"八个覆盖了创新活动各环节、契合知识构建和创新的迭代发展特性的元素的信息素养教育InFlow模型，该模型采用非线性模块灵活组合方式，构建以创新能力培养为核心的多角色合作体系。暨南大学图书馆黎景光通过研究生信息检索课程，开展InFlow信息素养模型教学实证研究，得出了InFlow在实际运作中能够更好地契合不同学科学生的需求、展现非线性模块的灵活性的结论，建议通过建立InFlow教学案例数据库构建图书馆信息素养教学的学术圈和协同创新的平台。

3.2.2 信息素养教育引入创客教育

创客理念被逐渐引入教育领域，2015年德克萨斯州教育会议上"创客教育"的概念首次被提出，创客教育的核心是营造一个让学生在玩中学、学中玩的空间，在这个空间里，教师为学生提供广泛的学习资源，学生是空间的主宰，在教师的辅导下，学生可以利用所有的资源完成学习、创作等活动。创客教育给高校图书馆信息素养教育创新带来了新的生命力，高校图书馆利用信息中心的资源优势创设学习空间，为学生提供支持学习交流、互动合作、研究创新与社交的空间与环境。

3.3 探索"信息素养教育课程思政"的路径

2016年习近平总书记在全国高校思想政治工作会议上强调："不能把思政工作只当作思政课程的事，其他各门课都要守好一段渠、种好责任田，要与思想政治理论课同向同行，形成协同效应。"习近平总书记的讲话确立了课程思政的理论基础和建设原则，是高等教育人才培养理念和课程教学方法的重大创新。

3.3.1 "课程思政"兴起

"课程思政"源于2014年上海市相关高校的探索，通过挖掘相关课程的思想政治教育资源以发挥课程蕴含的思想政治教育功能，其主旨在于解决大学生思想政治教育的"孤岛"困境，缓解思政课程与其他课程之间实际存在的"两张皮"问题。

"课程思政"顾名思义就是将思政元素潜移默化地融入课程教学的各环节，以课程建设为立足点，通过教学实现知识传授、能力提升、人格健全与价值引领。

"课程思政"的本质特征有三点：首先，"课程思政"是知识教育与价值教育的内在契合，不能把学科课程思政化，所谓思政化是大肆渲染思想政治教育内容而背离课程本身的主旨要义，忽视了课程本来应有的能力的培养，"课程思政"应该在传授原有课程内容和能力培养的过程中融入思政元素，完成知识教育与价值教育的统一；其次，"课程思政"不是"思政课程"，"思政课程"是专门的思想政治教育课程，其所有教学活动都为培养学生的世界观、价值观和道德观的思政教育服务，而课程思政则是以课程知识内容为载体，将思政元素融入课程教学，达成"立德"和"树人"的统一；最后，"课程思政"是一种教育理念，是在以传统"思政课程"为主渠道的前提下，把"思政元素"隐藏到课程教学中，而不似思政课程那样开展思政教育，有人把"课程思政"比为将"思政"当作"盐"溶入到"课程"的汤中，让受教育者在感受学科知识的同时在无形中接受思政教育熏陶，做到其他各类课程与思想政治理论课同向而行、建构协同效应的思政教育体系，在潜移默化中达成全过程育人、立德树人的目标，实现"课程思政"与"思政课程"的统一。

3.3.2 信息素养教育课程思政的构思与实践

教育作为社会的子系统，有赖于一定的社会环境和社会条件而存在，有很强的政治性、思想性和主体性。习近平总书记指出，不同社会制度决定着不同教育目的。我国高等教育发展方向要同我国发展的现实目标和未来方向紧密联系在一起，为人民服务，为中国共产党治国理政服务，为巩固和发展中国特色社会主义制度服务，为改革开放和社会主义现代化服务。然而，一方面，由于互联网的广泛应用和我国对外开放的持续扩大，社会意识形态呈多元化和多样化的特征，意识形态现状复杂；另一方面，我国的社会发展处在社会主义初级阶段，虽然在经济发展上取得伟大的成就，但很多的理论尚处在不断发展中。

因此，如何引领青年一代树立坚定地走社会主义道路，实现民族伟大复兴"中国梦"的理想信念成为高等教育每一门课程所承载的责任和义务。

3.1.2.1 信息素养教育"课程思政"的必要性

一方面，信息素养教育"课程思政"是课程本身改革的内在需求。人工智能和互联网技术在信息素养教育领域广泛应用，信息共享服务迅速发展，传统的"重信息获取，轻信息利用""重能力培养，轻理想信念"的信息素养教育模式难以适应新时代人才需求的变化，深化课程内部体系改革，促进大学生信息素养与理想信念融合的培养模式亟待构建，而信息素养教育"课程思政"恰恰是一个最好的切入点。

另一方面，信息素养教育"课程思政"与新时代本科教育发展的基本要求相契合。2018年9月，习近平总书记在全国教育大会上发表重要讲话，总结了推进我国教育改革发展要"坚持党对教育事业的全面领导，坚持把立德树人作为根本任务，坚持优先发展教育事业，坚持社会主义办学方向，坚持扎根中国大地办教育，坚持以人民为中心发展教育，坚持深化教育改革创新，坚持把服务中华民族伟大复兴作为教育的重要使命，坚持把教师队伍建设作为基础工作"和"要在坚定理想信念、厚植爱国主义情怀、加强品德修养、增长知识见识、培养奋斗精神、增强综合素质六个方面下功夫"，这"九个坚持"和"六个下功夫"是新时代教育发展改革的基本遵循方向，因此，信息素养教育"课程思政"与新时代本科教育发展的基本要求是相吻合的。

综上所述，高校图书馆积极开展信息素养教育"课程思政"体系研究和实践，就显得十分迫切和重要，也必将成为信息素养课程教学改革的重要内容和举措。

3.1.2.2 福建农林大学"信息素养教育课程思政"改革与探索

"课程思政"的兴起为高等教育信息素养教育课程指明方向，我国信息素养教育更多是从信息资源利用的角度嵌入学科专业领域获取、管理和利用专业信息，鲜少从思想政治工作融入课程的立德树人教育视角开展信息素养教育，而事实上，由于信息素养教育课程的极强包容性和延展性，无论从课程本身的专业知识传授、嵌入各学科的专业教学实习或实践各个环节都极易与思政元素无缝对接，鉴于此，面对当前轰轰烈烈的"课程思政"教程改革热潮，福建农林大学信息素养教育迎来发展的新机遇。

3.1.2.2.2.1 福建农林大学"信息素养教育课程思政"的路径设计

以福建农林大学图书馆开设的信息素养教育课程"信息检索与利用"（包括理论教学和上机实习）和"信息检索与利用（嵌入式教学实践）"两门课三个环节为平台，结合全校公共课程具有受众面广、专业覆盖面大的特点，探索普适性和专业性相结合的课程思政教育途径，既考虑课程本身思政元素的挖掘，又结合学生专业思政元素的融入，此外，依托图书馆强有力的信息资源保障系统，与思政课程协同形成合力，构建全方位、全过程和全员的信息素养课程思政教育体系，开展具有中国特色的信息素养教育活动，详细方案如下。

总体思路是将思政元素从信息素养教育课程的三个环节综合运用嵌入式、支撑式和协同式三条路径融入信息素养教育全过程，具体措施如下。

路径一：嵌入式路径，思政元素嵌入"信息检索与利用"理论课程教学。通过挖掘提炼出公共课"信息检索与利用"蕴含的创新、社会主义核心价值观等思政元素，嵌入到大纲、教学、考核等过程，实现在价值传播中凝聚知识底蕴，在知识传播中强调价值引领的嵌入式课程思政育人。

路径二：支撑式路径，以图书馆思政和专业信息资源为支撑的"信息检索与利用"实习环节教学。在构思实习讲解案例时，结合专业的同时加入思政内容，综合实习报告作业要求学生在设定检索课题时将思政同专业知识结合在一起，通过图书馆信息资源的检索过程将思政教育融合在实习环节中。

路径三：协同式路径，以图书馆信息资源为依托，通过"信息检索与利用（嵌入式教学实践）"实践课程，辅导学生运用信息管理工具收集、撰写及检测思政课的课程论文，协同思政课程形成合力推动大学生思想政治工作。

3.1.2.2.2.2 福建农林大学推动"信息素养教育课程思政"的关键举措

为了课程思政落实到位，确保课程思政的质量，关键在教师，核心在对思政元素的挖掘，成败在思政内容如何与信息素养教育课程融合，因此，强化教师的思政教育意识、挖掘整合课程思政要素及探讨思政融入信息素养教育的方式方法等是重点。

首先，提升教师政治思想水平，强化思政教育意识，打造信息素养教育课程思政团队。

课程思政教育质量关键在教师，提升信息素养教育教研室全体教师的政治思想水平，强化教师的思政意识，打造一支课程思政队伍是课程思政的保障。福建农林大学图书馆信息检索与利用教研室采取研讨会、政治学习、教研活动等多种渠道组织教研室教师紧跟时代学习时政、国家新政策制度及教育相关的法律、法规等，按照习近平总书记在北京师范大学考察时提出的"四有"教师标准，严格要求自己，完成立德树人根本任务。

其次，提炼课程思政元素，制订"信息素养教育课程思政指南"。

信息素养教育课程面向全校的本科生，涉及各专业，而且课程本身是以培养学生获取、管理、利用专业信息的能力，提炼思政元素除了在课程本身的专业知识范畴展开，还有必要从学生的专业层面挖掘，因此，立足挖掘信息素养教育课程的思政元素，提炼不同专业的思政元素，制订"信息素养教育课程思政指南"分类推进信息素养教育课程思政教育是十分必要的。具体做法是发动团队力量，每位教师结合自己所教的专业按要求提炼出思政元素，再汇集大家的成果制作成"信息素养教育课程思政指南"。

最后，坚持立德树人根本任务，践行信息素养教育课程思政目标。

落实已挖掘的思政元素应用于信息素养课程教学，设计课件，制作微视频等。

高校信息素养教育作为高等教育体系不可或缺的组成部分，肩负着为国家、为人民培养人才的重担，其未来走向取决于国家政策和指导方针，但更多取决于我们高校每一位信息素养教育工作者在面对纷繁复杂的信息生态系统时的态度、责任感和使命感。

以互联网为核心的新技术凭借其独特的魅力征服着人类世界，它带来的不仅是技术的革命，更是潜移默化地重塑人类文明、打造网络文化，一点一滴地改变我们的生活、学习和工作的习惯。然而，科技就像一柄"双刃剑"，在创造价值、产生新兴产业的同时也给传统行业带来巨大冲击。因此，除了身处网络产业的"弄潮儿"外，人人都要有敏锐的触觉，做到未雨绸缪，信息素养教育也是如此，唯有"识变、应变、求变"，方得始终。

参考文献

[1] 刘振友. 互联网+助推传统行业弯道超车[M]. 北京: 中国财政经济出版社, 2015.

[2] 中国互联网络信息中心. 第43次中国互联网络发展状况统计报告[J]. 国家图书馆学刊, 2019, 28(2): 13.

[3] 何济川. 首次"72小时网络生存测试"实录[J]. 新青年, 2000(1): 40-41.

[4] 绯云. 网络颠覆了什么?[J]. 社会观察, 2006(5): 10-11.

[5] 谭维智. 不教的教育学——"互联网+"时代教育学的颠覆性创新[J]. 教育研究, 2016, 37(2): 37-49.

[6] 叶舟, 胡均亮. 高宽深思维模式: 互联网时代的方法论[M]. 北京: 中国言实出版社, 2015.

[7] 钟殿舟. 互联网思维: 工作、生活、商业的大革新[M]. 北京: 企业管理出版社, 2014.

[8] 周文彰. 简论互联网思维[J]. 北京联合大学学报(人文社会科学版), 2016(2): 1-7.

[9]《聚焦互联网+》编写组. 聚焦"互联网+"[M]. 北京: 中国言实出版社, 2015.

[10] 邵云飞, 刘文彬, 何伟, 等. 互联网+教育: 大学生研究性学习能力的理论与实践探索[M]. 北京: 清华大学出版社, 2016.

[11] 杨剑飞. "互联网+教育": 新学习革命[M]. 北京: 知识产权出版社, 2016.

[12] 周佳. 教育学基础[M]. 哈尔滨: 黑龙江大学出版社, 2014.

[13] 冯帮, 向光富. 教育知识与能力[M]. 南京: 南京大学出版社, 2015.

[14] 曹培杰. 未来学校的兴起、挑战及发展趋势——基于"互联网+"教育的学校结构性变革[J]. 中国电化教育, 2017(7): 9-13.

[15] 张治, 李永智. 迈进学校3.0时代——未来学校进化的趋势及动力探析[J]. 开放教育研究, 2017, 23(4): 40-49.

[16] 余胜泉. "互联网+"时代的未来教育[J]. 人民教育, 2018(1): 34-39.

[17] 邱均平. 知识管理学[M]. 北京: 科学技术文献出版社, 2006.

[18] 国务院. 国务院关于积极推进"互联网+"行动的指导意见[J]. 中华人民共和国国务院公报, 2015(20): 11-23.

[19] 史蒂芬·道恩斯, 肖俊洪. 开放学习、开放网络[J]. 中国远程教育, 2017(10): 36-46; 79.

[20] 余乃忠. 自我意识与对象意识: 人工智能的类本质[J]. 学术界, 2017(9): 93-101; 325.

[21] 王勇. 翻转课堂的理论与实践: 基于应用型本科人才培养的探索[M]. 杭州: 浙江大学出版社, 2016.

[22] 吴宝龙, 张立新, 张立莉. 职业生涯规划与自我修炼[M]. 北京: 清华大学出版社, 2014.

[23] 周英文. 学习活动的模型: 人类个体智慧发展与学习规律的研究[M]. 北京: 中国广播电视出版社, 2003.

[24] 肖峰. 信息技术哲学[M]. 广州: 华南理工大学出版社, 2016.

[25] 杨绪辉, 王永辉. 网络学习工具及应用[M]. 南京: 南京大学出版社, 2015.

[26] 王磊. 见证科学进步的发明与创造[M]. 武汉: 武汉大学出版社, 2013.

[27] 蒋斌, 田丰. 思想解放与科学发展: 2008广东社会科学学术年会论文集[M]. 广州: 广东人民出版社, 2009.

[28] 庞琳琳, 李静霞. 知识管理与技术创新关系研究综述[J]. 中国国际财经(中英文), 2018(2): 110.

[29] 董小英, 蒋贵凰, 刘倩倩. 知识管理提升企业创新能力的实证研究[J]. 清华大学学报(自然科学版), 2006(Z1): 956-963.

[30] 吴川徽. 开放式创新模式下的知识流动: 过程与管理研究[J]. 新世纪图书馆, 2018(6): 9-15.

[31] 杨菲, 安立仁, 史贝贝. 知识积累与创新关系研究脉络及未来展望[J]. 科技管理研究, 2017, 37(11): 136-140.

[32] 陈权, 温亚, 施国洪. 拔尖创新人才内涵、特征及其测度: 一个理论模型[J]. 科学管理研究, 2015, 33(4): 106-109.

[33] 李燕, 肖建华, 李慧聪. 我国科技创新领军人才素质特征研究[J]. 中国人力资源开发, 2015(11): 13-20.

[34] 陈晓红, 高凡, 何雪梅. 国内外元素养教育研究综述[J]. 图书馆理论与实践, 2019(1): 58-64.

[35] 甘群文. 元素养: 引领高等教育信息素养转型与拓展[J]. 图书馆研究与工作, 2018(7): 10-17.

[36] 刘丽萍, 刘春丽. 元素养: 信息素养教育转型新导向[J]. 情报资料工作, 2017(1): 100-104.

[37] 邓灵斌, 余玲. 美国信息素养新标准: 元素养解读及其启迪[J]. 情报理论与实践, 2015, 38(9): 130-133.

[38] 刘涛. 信息素养研究的未来: 元素养研究进展[J]. 图书馆理论与实践, 2015(3): 31-34.

[39] 张洪杰, 郭小平. "互联网+"时代创新创业导向的大学生信息素养培育模式研究[J]. 情报科学, 2017, 35(6): 94-98.

[40] 萧萧. 改变人生的72个身心修炼[M]. 北京: 北京科学技术出版社, 2007.

[41] 高连兴. 每天来点正能量[M]. 北京: 新华出版社, 2013.

[42] 李利凯. 开放式创新: 大协作改变世界[M]. 上海: 上海三联书店, 2016.

[43] 韩军. 把正能量传递给你的团队[M]. 北京: 中国纺织出版社, 2016.

[44] 窦全. 窦号: 企业与人生的经营之道[M]. 北京: 新华出版社, 2016.

[45] 张亚莉. 关于信息素养教育的思考[J]. 大学图书馆学报, 2006(3): 73-76.

[46] 秦学智. 信息素养认知及其教育: 脉络、基础与特征[J]. 传媒国际评论, 2015(00): 337-355.

[47] 施蓓. 美国高校信息素养教育的发展及启示[J]. 大学图书情报学刊, 2017, 35(5): 21-25.

[48] 陈云红, 张战杰, 李书明. 美国、英国与澳大利亚信息素养教育研究[J]. 软件导刊(教育技术), 2017, 16(8): 91-93.

[49] 杨芳. 美国信息素养教育的中国式解读与借鉴[J]. 河北科技图苑, 2017, 30

（2）：62-64.

[50] 王佑镁. 信息技术与学习变革[J]. 现代教育技术, 2003（1）：12-17.

[51] 师丽娟. 美国高校信息素养教育的发展与启示[J]. 科技情报开发与经济, 2010, 20（34）：113-116.

[52] 刘丽萍, 王翠萍, 刘春丽. 美国元素养教育实践及思考[J]. 图书馆学研究, 2017（9）：2-8.

[53] 李晶. 美国图书情报学院开展健康信息教育的现状、特色与启示[J]. 现代情报, 2018, 38（9）：108-112.

[54] 孙维, 黄旭光, 马永红. 美国佛罗里达大学在线教育技术博士项目设计研究及启示[J]. 电化教育研究, 2018, 39（9）：114-122.

[55] 高大伟, 许丽丽. 美国大学与研究图书馆协会《2018年高校图书馆发展大趋势》解读与思考[J]. 图书馆建设, 2018（12）：97-101.

[56] 郭艾敏. 澳洲高校图书馆信息素养教育实践研究[J]. 内蒙古科技与经济, 2015（9）：128-129.

[57] 谷秀洁, 靳萍. 澳大利亚的大学信息素养教育进展[J]. 大学图书馆学报, 2012, 30（2）：109-113.

[58] 杜安平. 澳大利亚高校信息素养教育剖析[J]. 情报理论与实践, 2008（4）：637-640.

[59] 梁正华, 张国臣. 日本高等教育信息素养标准及启示[J]. 情报理论与实践, 2015, 38（8）：141-144.

[60] 李易宁. 日本学校信息素养教育综述[J]. 新世纪图书馆, 2010（4）：77-79；30.

[61] 许欢, 尚闻一. 美国、欧洲、日本、中国数字素养培养模式发展述评[J]. 图书情报工作, 2017, 61（16）：98-106.

[62] 黄蕾. 20年来国内信息素养教育研究与实践综述[J]. 图书馆杂志, 2015, 34（3）：16-22.

[63] 洪跃, 付瑶, 杜辉, 等. 国内高校图书馆信息素养教育现状调研分析[J]. 大学图书馆学报, 2016, 34（6）：90-99.

[64] 宋丽, 陈鸿燕, 李德宝. 中医药本科生信息素养教育在香港浸会大学的实践[J]. 长春中医药大学学报, 2011（S1）.

[65] 杨玫. 香港青少年信息素养教育及其启示[J]. 图书与情报, 2012(4): 129-132.

[66] 马辉洪, 陈露明. 信息素养教育、文学阅读与实地考察——以"走进香港文学风景"为例[J]. 大学图书馆学报, 2012, 30(6): 23-26.

[67] 吕瑞花, 康丽娟. 中国内地与香港高校信息素养教育比较之研究[J]. 现代情报, 2006(10): 214-216.

[68] 杨恒平. 香港信息素养教育现状述评及启示[J]. 图书馆界, 2009(2): 49-51; 55.

[69] 宋丽, 韩夏. 香港高校医学图书馆的信息素养教育[J]. 四川图书馆学报, 2005(2): 69-71.

[70] 李剑. 台湾地区高校图书馆一站式"信息素养教育"平台研究[J]. 图书馆工作与研究, 2018(12): 83-87; 121.

[71] 褚宁琳, 严宝平. 从我国台湾信息技术教育中反观大陆信息素养教育[J]. 工业和信息化教育, 2017(3): 17-19; 31.

[72] 崔海峰, 洪跃. 我国台湾地区中小学图书馆信息素养教育研究[J]. 情报探索, 2008(12): 29-31.

[73] 朱璨. 基于BYOD的信息素养教育策略研究[J]. 辽宁经济, 2017(2): 64-66.

[74] 黎景光. 创新驱动的大学生信息素养教育InFlow模型实证研究[J]. 图书馆论坛, 2015, 35(11): 92-99.

[75] 焦海霞. 基于"互联网+"思维的信息素养教育体系构建研究[J]. 现代情报, 2017, 37(2): 93-97.

[76] 张鲲. 高校"课程思政"的时代命题与建设路向[J]. 北方民族大学学报(哲学社会科学版), 2019(2): 162-166.

[77] 蔡小春, 刘英翠, 顾希垚, 等. 工科研究生培养中"课程思政"教学路径的探索与实践[J]. 学位与研究生教育, 2019(10): 7-13.

[78] 崔永红. 关于课程思政的几点思考[J]. 高校后勤研究, 2019(8): 84-86.

[79] 王光彦. 充分发挥高校各门课程思想政治教育功能[J]. 中国大学教学, 2017(10): 4-7.